JN043786

ゼロ から スタート！

富田茂徳の 改訂版

簿記2級

1冊目の教科書

LEC専任講師 **富田茂徳** 著

LEC東京リーガルマインド 監修

KADOKAWA

LECで大人気の
富田講師が合格へナビゲート！

1冊目の教科書に最適！

合格への
「第一歩」を
わかりやすく
教えます！

LEC 専任講師

富田　茂徳（とみた・しげのり）

民間企業退職後、大手資格予備校を経て、LEC
において日商簿記検定1級、2級、3級および
税理士会計科目「簿記論」「財務諸表論」「簿財横
断」を担当。講師歴は25年超。その他、大学で
の学内講座や市民講座でも多数実績がある。ま
た講師のかたわら、税理士法人において税理士
補助および会計コンサル業務にも従事している。

STEP 1　富田講師のここがすごい！

① 講師歴25年超、高い継続受講率で合格者を多数輩出！

簿記・税理士講座の講師歴25年超、
受講生数3万人以上。歯切れ良くな
めらかに流れる語り口の講義には誰
もが思わず引き込まれ、途中離脱する
受講生が少ないことでも評判です！

② 受講生がスムーズに理解できる解説でわかりやすい！

本試験で出題される各種問題に対応でき
るよう、単なる知識の「暗記」ではなく「理
解」に重点を置いた講義がモットー。受
講生がスムーズに理解できるように、で
きるだけ平易な言葉で解説しています。

受講者の声

- 「なぜそうなるのか」という点に時間をかけてわかりやすく説明してくれる
- 初めて講義に出席したとき、半端ない枚数の板書にびっくりしたが、ポイントが集約されていて、それを復習することで合格への力がついた
- 講義のテンポが良く、とにかくわかりやすい講義。また、大事なポイントをズバッと指摘してくれるので迷うことがなかった

日商簿記検定2級では、「商業簿記」に加えて「工業簿記」が追加され、試験範囲が広く、深い理解が求められます。本書では、簿記2級の全体像がざっとつかめるだけでなく、「これだけは知っておきたい」項目を取り上げて解説。学習の"はじめの一歩"に最適な内容です。

STEP 3　最短ルートの学習法を公開

その1　商業簿記・工業簿記が丸ごと1冊に！

要点をシンプルに解説し、理解しやすい内容構成に。商業・工業簿記を丸ごと1冊にまとめ、持ち運びもしやすくなっています。通勤通学時などのスキマ時間の学習にも最適。身近に簿記2級に触れることで、苦手意識を減らせます。

その2　10時間で読み切れる内容構成！

簿記2級に必要となる基礎知識を1冊に凝縮。ポイントを押さえた解説に加え、わかりやすい図やイラストも満載でどんどん読み進められます。

簿記2級合格を実現！
人気講師の合格メソッドを
誌面で再現します！

「ネット試験」攻略の超基本

　2020年12月から3・2級で導入された「ネット試験」（CBT方式）は、日商簿記検定に大きな変化をもたらしました。それまでの、定められた期日に受験する「統一試験」（ペーパー試験）に加えて、随時受験が可能なネット試験が導入されたことは、**受験機会の増加はもちろん、各自の都合に合わせた柔軟な受験計画に基づく学習が可能になるなど、有利な変更**といえるでしょう。

　ただ、「統一試験」と「ネット試験」にはそれぞれメリットとデメリットがありますので、自分の現状に合う受験方式を選択することが重要になってくると思います。

　ここでは、実際にネット試験を受験した私の見解や、LECのスタッフ、受講生から得た情報をもとに、ネット試験攻略に役立つ簡単なアドバイスをしていきましょう。

日商簿記検定2級の受験方式

　現在の日商簿記検定2級では、「ネット試験」（随時受験可能）と「統一試験」（指定期日に実施）という2通りの受験スタイルが存在することは前述のとおりです。

　ただし、2023年4月以降、東京商工会議所ではネット試験のみの実施に変更されましたので、東京23区内での受験希望者は自動的にネット試験での受験となり、統一試験で受験を希望する場合は他の商工会議所で受験手続を行う必要があります。

　ちなみに、ネット試験は試験センターに設置されたパソコンを使用して行うため、自宅などで受験できるものではありません。事前の手続きにより、指定された日時に試験センターに直接出向いて受験をしますので、この点は勘違いしないように注意してください。

　なお、**いずれの試験方式においても共通の出題範囲を前提に問題が作成さ**

れているので、**出題される問題の難易度に差はない**ことになります。つまり、合格に必要な知識や身につけるべき内容に違いはありません。

ネット試験と統一試験（ペーパー試験）の長所と短所

　前述の内容も含め、ネット試験と統一試験のメリット・デメリットを比較すると、以下のようになります。

	ネット試験（CBT方式）	統一試験（ペーパー試験）
メリット	・受験機会が増加するため、資格取得を重視する人には圧倒的に有利となる ・学習計画を立てやすい ・その場で合否が判明する ・試験中止などになりにくい（ただし人数制限を設ける場合もあり）	・計算用紙以外に問題用紙などにも書き込み可能なため、解答作業が行いやすい ・精算表の集計などはパソコン画面上で行うより作業しやすい
デメリット	・半角入力が必要な場面もあるため、キーボードやマウスなどの操作に慣れが必要 ・計算用紙は与えられるが、精算表の集計などをパソコン画面上で行うため作業がしにくいこともある	・受験機会が少ない（年3回） ・試験実施日に合わせて学習計画を立案する必要がある ・合否の判明までに時間がかかる ・状況によっては試験が中止となる場合もある（2020年にはコロナ禍で中止となった試験があった）

パソコン操作・画面での問題処理に慣れよう！

　メリット・デメリットはおおむね上記のようになりますが、実際に受験した私の感想は、**ネット試験はパソコンの画面上で問題を見て、配布される計算用紙で計算をしながら解答を入力していくため、従来の紙ベースの試験問題を解答するより時間がかかる**、というものでした。

　これまで紙の問題用紙と計算用紙に慣れきったためかもしれませんが、**ネット試験に際しては、いままで以上に解答速度の向上を意識する必要**を感じます。特にパソコンを日常的に使用されない方は、キーボードやマウスにも慣れていないでしょうから余計に解答に時間がかかると思います。こう

いった点も考慮し、受験方式の選択を行うことも必要でしょう。

ネット試験（CBT方式）に際する解答上の注意事項

　日本商工会議所は、ネット受験時の解答作成などに関し、以下の注意点を公表しています。

- 金額を入力する際には、数字のみ入力してください（文字や円マーク等を入力すると不正解となります）。カンマを入力する必要はありません。
- 仕訳問題における各設問の解答にあたっては、各勘定科目の使用は、借方・貸方の中でそれぞれ1回ずつとしてください（各設問につき、同じ勘定科目を借方・貸方の中で2回使用すると、不正解になります）。解答にあたっての注意事項は、試験開始前のパソコン画面でもご確認いただけます。
- 使用パソコンによっては、試験開始直後、第1問の画面表示が不完全な場合があります。その場合は画面左下の「第2問」など他の大問のボタンをクリックし、その後、「第1問」のボタンを再びクリックすると、第1問が正常に表示されます。第2問や第3問等で同様の状況が発生した場合も、同様の方法で正常に表示されます。

（2023年4月現在）

　今後も是正措置が講じられていくはずですが、試験会場でパソコンの不具合などの問題が生じたケースもあるようです。こうした事象については試験監督に迷わず申し立てを行い、対処してもらうようにしてください。

ネット試験に向け、正確な知識、迅速で正確な計算・集計能力を身につけるには手作業で問題解答を行うことが効果的かつ効率的な学習方法です。日々の学習ではしっかり問題を解き、何度もやり込むなど、少々アナログですが、地道な作業を重視してみてください！

昨今の簿記・会計を取り巻く状況は、1990年代後半から始まったいわゆる「会計ビッグバン」と呼ばれる大きな会計制度変更の流れを受け、大きく変化してきました。

　「会計ビッグバン」は、それまで日本特有の会計ルールに基づいて実施されていた会計処理を、IFRS（国際財務報告基準）などに代表される国際的な会計基準に収斂（しゅうれん）させていく一連の制度変更を指します。

　この大きな制度変更はある程度落ち着いてきてはいるものの、現在でも国際的な会計基準への収斂作業は続いており、最近でいえば「収益認識に関する会計基準」の施行は、皆さんがチャレンジを検討されている日商簿記検定2級の試験範囲にも影響を与えています。

　このような会計制度変更の流れを受け、かつては上位資格である日商簿記検定1級の試験範囲に属していたものが2級の範囲に含まれるようになり、出題形式も実務的観点からの応用問題が増え、以前は固定的だった日商簿記検定2級の出題内容も大きく変化してきました。

　また、2020年12月からはペーパー試験に加えて「ネット試験」（CBT方式）も実施されるようになり、簿記検定も大きく変わっています。

　このような状況を踏まえ、本書は「1冊目の教科書」というコンセプトのもと、日商簿記検定2級に挑む皆さんに、出題範囲・出題論点の網羅ではなく、その基礎となる論点を解説することを主な目的としてまとめました。

　本書で主要論点の趣旨や目的をざっとおさえていただいた後に、発展・応用的な論点の上乗せや、過去問及び予想問題を用いた問題演習を行うことで、合格レベルまで実力の引き上げを図っていただければと思います。

　簿記2級の基本をしっかり習得できるよう、頑張って読み進めていってください。

LEC専任講師　富田　茂徳

① 日商簿記検定2級とは？

日商簿記検定2級の概要

　日商簿記検定2級が認定する能力は、おおむね「会計主任者レベル」の基礎的な知識であるといわれます。つまり、2級合格者は自ら経理業務をこなしつつ、ある程度の範囲については部下や後輩に指示・指導が行えるレベルの知識を持つ人、ということになります。そのため、3級に比べるとより広範かつ高度な知識を習得することが求められます。

　試験科目には「商業簿記」のほか「工業簿記」も加わり、より実際の企業活動に近づいた知識を学ぶことになります。財務諸表が読めて、コストの把握もできるようになるため、日商簿記検定2級の合格者は社会的にも評価され、企業もまた「2級合格者」を求めることになるわけです。

　日商簿記検定2級の合格は決してラクではありませんが、苦労するだけの価値がある検定です。合格を目指してしっかり前に進んでいきましょう！

　日商簿記検定2級試験の概要は以下のとおりです。

●日商簿記検定2級の試験日程

試　験　日
● **統一試験（ペーパー試験）** 　➡ 6月第2週／11月第3週／2月第4週 ● **ネット試験（CBT方式）** 　➡ 試験センターが実施している日時で随時

　ネット試験とは、日本商工会議所が定めた受験会場（試験センター）において、会場に用意されたパソコンからインターネットに接続して受験する方式（CBT方式）で、自宅など任意の場所で受験できるわけではありません。

一方、統一試験（ペーパー試験）は、定められた日時に指定された受験会場において配布される問題用紙・解答用紙を用いて受験する方式です。

実施日時・申し込み方法などの受験手続については、日本商工会議所のホームページなどで確認してください。

●出題形式

ネット試験（CBT方式）・統一試験（ペーパー試験）ともに70点以上で合格となります。

これは競争試験ではありませんので、努力次第で合格できる試験といえます。また、どちらの試験で合格しても簿記検定合格となりますので、評価に差はありません。

試験時間	出題科目	出題形式	合否判定
90分 （ネット試験・ 統一試験共通）	商業簿記 及び 工業簿記	選択式＋記述式5題	100点満点 のうち 70点以上で合格

●出題内容

問題は第1問〜第5問までの5題が出題されます。第1問〜第3問は「商業簿記」から、第4問・第5問は「工業簿記」から出題されます。

科　目	問　題	出題内容
商業簿記	第1問	仕訳問題5問
	第2問	個別論点（連結会計、株主資本等変動計算書など）
	第3問	決算（損益計算書の作成など）
工業簿記	第4問	1. 工業簿記の仕訳問題 2. 個別原価計算、総合原価計算、標準原価計算など
	第5問	標準原価計算（差異分析）、C.V.P.分析、直接原価計算

② 日商簿記検定 2 級合格への　受験準備の進め方

「学習計画」がとにかく大切！

　本書を手に取られた皆さんのほとんどは、将来的に、日商簿記検定を受験される目標をお持ちだと思います。受験にあたっては、そこに至るまでの**学習計画をしっかりと立て、これに沿って学習を進めることが重要**です。「思い立ったら吉日」とはまさにそのとおりですが、実際の受験までの期間をどう過ごすかは別物。仕事や学校、そして家庭の用事など、さまざまな制約の中で学習を進めていくのですからなおさらです。

　日商簿記検定ではすでにネット試験（4 ページ参照）が導入され、自分の都合に合わせて試験日を決められるようになっていますが、やはり受験までのスケジュールは立てていくべきです。おおよその学習スケジュールを立案するにあたっては、次の内容を考慮して組み立ててみましょう。

基礎期：テキストを用いた基礎知識のインプット

- おおむね受験予定日の 1 ヶ月前に終了するよう進める
- 毎回の学習内容のみならず、過去に学習した論点に戻っての復習も必要。この点も考慮して予定を立てる

直前期：本試験形式の問題演習

- 予想問題や模試などを利用して問題演習を行う。なお、3 ～ 5 回分は用意し、繰り返し解き直す

本試験へ

基礎期の学習方法 ～商業簿記編～

「基礎期」の学習も、人によっていろいろな進め方があると思いますが、特に「商業簿記」の学習を進めるにあたっては、まずは**「仕訳」に慣れることが何よりも重要**です。

　受験簿記の問題には、個々の取引に関する仕訳を答えさせる形式のものもあれば、試算表作成や財務諸表作成などのようにさまざまな取引の処理を行ったうえで、これらを集計することで解答を作成する「総合問題」の形式も存在します。形式は異なっていても、これらに対応するために基本となる解答作業はすべて仕訳となりますから、**問題文を読んだ時点でどのような勘定科目を用いてどのように仕訳を行うかを迅速に判断できるようにしておく**必要があります。要は、正確性とスピードの両立を図れるようにしておかなくてはならないということです。

　とはいえ、日商簿記検定2級レベルになってくると、覚えるべき勘定科目も相当な量になりますから、これらを迅速に思い起こせるようにするためには、新たに得た知識を取り込むための学習のみならず、過去に学習した内容を思い出すための復習も欠かせません。次ページに示した手順を参考に、日々の学習を進めるとよいでしょう。

> 日商簿記検定2級の問題を
> 解くときのポイントは、
> 「正確性」と「スピード」！

> **基本の復習：新たに学んだ内容を消化するための学習**
> 基礎期における日々の学習のメイン作業。問題演習を取り入れながらしっかり進める

> **学習がある程度進んだら：新たな論点だけでなく過去の論点も振り返る**
> ある程度学習が進んだ時点で、過去に学習済みの論点について思い出す復習が必要となる。
> 例えば「3つ章が進んだ時点で、次の章に入る前に、直前3章分の復習をする」といったような方法で、必ず振り返りの学習を取り入れるとよい

「直前期」における予想問題などの使い方

「直前期」においては、本試験の傾向に慣れることが必要となりますので、基本的には、各予備校で答練・公開模試を受講するか、書店で購入できる予想問題などを活用して問題演習を行っていきます。

　直前期の予想問題を解答するとき、多くの皆さんは「点数」にばかりこだわる傾向があります。

　確かに、テスト形式の問題である以上、点数はどうでもよいものではありませんが、講師としての立場から申し上げると、もっと目を向けるべきことがあります。

　それは、「効率的な試験時間の配分」と「誤答箇所の把握とその改善点の洗い出し」です。

　予想問題の解答を進める中で、特に初回解答時に意識すべきは上記の2つであって、結果としての「点数」ではありません。そのためこういった観点から、私は受講生の皆さんとお話しする際、**「予想問題は最低3回転」**さ

せるようにお話ししています。

　読者の皆さんも、このことをぜひ参考にしてみてください！

●予想問題などテスト形式の問題の活用方法

1回目の解答時：しっかり時間を計って解答する

　初回は「時間配分の練習」が主目的。限られた時間で1点でも多くの得点ができるように作業を進める。

　よって、①できない問題は後回し

　　　　　②問題はできるところから解答する

　この2点が重要となる

2回目以降の解答時：ここからは解答時間ではなく理解を重視する

　初回解答時の誤答箇所に関して、なぜ誤答となったかを把握して改善方法を考える。そのうえで、2回目以降に解答する際は、上記で考えた改善方法を反映するよう、内容理解を重視して解答してみる

「効率的な試験時間の配分」と
「誤答箇所の把握と
その改善点の洗い出し」が
とにかく大事です！

基礎期の学習方法 ～工業簿記編～

　工業簿記の場合、「個別原価計算」のように、計算能力のみならずその計算結果に基づいて仕訳や配賦差異の分析などを行うところまでを問うものもあれば、「総合原価計算」のように、基本的に計算結果のみを解答させることが多いものもあるため、**商業簿記よりも個々の論点ごとに対策の仕方が変わる**という特徴が顕著となります。

　効率的な学習を進めるためには、個々の論点ごとに内容が集約された問題集などの活用が望ましいのですが、どのような教材を活用するにしても、大切なことは基本的な内容をしっかり意識しながら解答を進めることです。

　例えば、個別原価計算の仕訳問題を解答する際には、常に勘定連絡図を意識しながら、いま自分が勘定連絡図のどこに該当する作業を行っているのか、何のためにこの仕訳を行っているのかを考えながら作業する必要があるでしょうし、総合原価計算であれば、解答上必要なボックスをイメージしたうえで問題資料から必要なデータを選択していくというように、常にこれから自分がやるべき作業に関して何が必要でどのような作業を進めるのかを考えながら進行する姿勢が必要となるでしょう。

　これだけではなかなかモチベーションが維持できないかもしれませんが、現状の日商簿記検定2級本試験において出題されている問題は、一般的には**商業簿記より工業簿記のほうが基本に忠実な問題が多い傾向**があります。すなわち、基本をきちんと押さえていけば点数を取りやすいのが工業簿記なのです。

　しっかり基本の作業を身につけ、皆さんにとっても工業簿記が点数の稼ぎどころとなるようにしていきましょう。

Contents

富田茂徳の簿記2級
1冊目の教科書

PART 1　商業簿記

第1章　財務諸表

第2章　純資産

第3章　現金・預金と債権債務など

第4章　有価証券

第5章　商品売買

第6章　固定資産

第7章　株式会社の税金

第8章　外貨建取引

第9章　本支店会計

第10章　税効果会計

第11章　連結会計

PART 2　工業簿記

第1章　工業簿記と原価計算

第2章　個別原価計算

第3章　総合原価計算

第4章　標準原価計算

第5章 直接原価計算

第6章 製造業の財務諸表

本文デザイン　ISSHIKI

本文イラスト　寺崎愛／福々ちえ

DTP　フォレスト

編集協力　岩佐陸生

本書は原則として、2023年12月時点までの情報をもとに執筆・編集を行っています。
検定試験に関する最新情報は、試験実施機関のウェブサイト等でご確認ください。

PART 1

商業簿記

PART1では、日商簿記検定2級において、より多くの配点がなされる「商業簿記」の基幹となる論点を確認していきます。商業簿記は学習項目も多く、試験でも応用的な問題の出題傾向が高くなっています。各論点について、内容の理解に重点を置いて学習を進めていくようにしてください。さあ、いよいよ簿記2級の学習が始まります。頑張っていきましょう！

第 1 章

財務諸表

株式会社とは？

日本経済のメインプレーヤーである「株式会社」を
規制する重要な法律が「会社法」です

　日商簿記検定2級では、株式会社（その大半は非上場中小企業）において必要とされる簿記の知識を習得しているか否かが問われます。

　日本経済のメインプレーヤーは、**170万社ほど存在するといわれる法人**ですが、その多くは株式会社の形態を取っています。このような状況から、株式会社会計に関する知識保有者へのニーズが必然的に高まっています。

簿記を学習するうえで最重要の法規制は「会社法」

　株式会社とは、**不特定多数の一般公衆から資金を調達して設立される営利法人の一種**です。具体的には、株式会社は出資者に対して株式を発行し、その基礎財産を調達したうえで事業を展開していきます。

　株式の引受をなした者を株主といい、会社の所有者となります。株主は会社の所有者ですから、株主総会（株式会社の最高意思決定機関）での決議を通じて会社の基本的事項を決定する権限を有します。

　株式会社は資金の調達方法や事業規模の大きさから、その活動内容が社会的に大きな影響を与える可能性があるため、さまざまな形で法規制が加えられています。

　簿記学習上の観点から最も影響が大きいのが会社法です。上述の**株式発行による資金調達方法や、株主総会をはじめとする各種の機関構造なども、会社法の定めによるもの**です。

　会社の組織やその活動などについてはさまざまな法規制が加えられていますが、その中でも代表的な存在だったのが商法です。しかし、規制内容が現在の社会情勢と乖離(かいり)しており、抜本的な制度改革の必要性が高まってきます。このような流れを受けて、従来の商法などを整理統合した会社法が2006（平成18）年5月に施行されました。

◎「株式会社」とは？

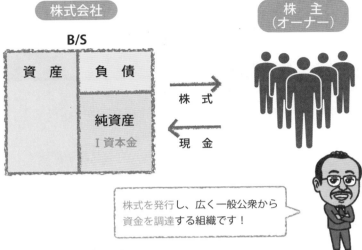

株式を発行し、広く一般公衆から
資金を調達する組織です！

◎ 株式会社の基本的な機関構造

ワンポイント

会社法の施行で何が変わった？

会社法は従来のものと何が変わったのでしょうか。具体的には、最低資本金制度（旧制度では原則1000万円）や有限会社（株式会社のミニチュア版）制度が廃止され、財務諸表の作成を取締役会などとともに担う新機関「会計参与」（公認会計士及び税理士並びにこれらの法人のみ就任できる）が創設されるなど、機関設計も大幅に企業裁量が認められるように変更されました。

1 財務諸表
2 純資産
3 現金・預金と債権債務など
4 有価証券
5 商品売買
6 固定資産

02 損益計算書の基礎知識

1年間の経営成績を明らかにするために
作成するのが「損益計算書」です

　簿記の究極的な目的は、「1年間の経営成績を明らかにすること」と、「1年ごとの財政状態を明らかにすること」です。

　「明らかにする」とは、社内の経営管理者等がその状況を把握することのみならず、社外の利害関係者等にも知らしめることを意味します。

　簿記ではこの目的を達成するためにいわゆる財務諸表を作成・開示します。**「1年間の経営成績を明らかにする」**ために作成・開示するのが損益計算書（P/L：Profit and Loss statement）で、**「1年ごとの財政状態を明らかにする」**ために作成するのが貸借対照表（B/S：Balance Sheet）です。

簿記2級の学習対象は「会社法会計」

　株式会社の場合、企業規模の大きさなどからその活動結果等に影響を受ける利害関係者も多岐におよぶため、これら情報開示は各種法令の規制を受けます。

　このような各種法規制の下に行う情報開示等を特に制度会計といいますが、このうち日商簿記検定2級が主たる学習対象とするのは会社法会計です。

　日商簿記検定2級では、3級までに学習した勘定式損益計算書以外に、右ページに示すような報告式損益計算書を作成します。

発生原因別にグループに分類する

　「報告式損益計算書」においては、1年間に生じた収益・費用を、その発生原因別に、28ページのようなグループ（区分といいます）に分類して作成します。

損益計算書の作成例

損 益 計 算 書

自令和 ×年 ×月 ×日　至令和 ×年 ×月 ×日

（単位：円）

Ⅰ　売　　　　　上　　　　　高		8,900
Ⅱ　売　　上　　原　　価		
1　期 首 商 品 棚 卸 高	1,300	
2　当 期 商 品 仕 入 高	6,700	
合　　　　　　　　計	8,000	
3　期 末 商 品 棚 卸 高	2,000	6,000
売　上　総　利　益		2,900
Ⅲ　販売費及び一般管理費		
1　給　　　　　　　　料	1,120	
2　減 価 償 却 費	680	1,800
営　業　利　益		1,100
Ⅳ　営　業　外　収　益		
1　受　取　利　息	200	
2　有 価 証 券 利 息	300	500
Ⅴ　営　業　外　費　用		
1　支　払　利　息	150	
2　有 価 証 券 売 却 損	50	200
経　常　利　益		1,400
Ⅵ　特　別　利　益		
1　固 定 資 産 売 却 益		120
Ⅶ　特　別　損　失		
1　固 定 資 産 除 却 損		70
税 引 前 当 期 純 利 益		1,450
法　　人　　税　　等		600
当　期　純　利　益		850

> 売上原価の計算過程を示す

> いわゆる「粗利益」のこと

> 本業によるもうけ

> 経常的な活動の成果

> 最終結果

> 簿記 2 級では、勘定式損益計算書のほかに、このような報告式損益計算書を作成します！

1 財務諸表
2 純資産
3 現金・預金と債権債務など
4 有価証券
5 商品売買
6 固定資産

● 損益計算書の構成

毎期経常的に行う活動から生じる損益

主たる営業活動から生じる損益

Ⅰ	売上高	×	×	×
Ⅱ	売上原価	×	×	×
	売上総利益	×	×	×
Ⅲ	販売費及び一般管理費	×	×	×
	営業利益	×	×	×

主たる営業活動以外の活動（財務活動等）から生じる損益

Ⅳ	営業外収益	×	×	×
Ⅴ	営業外費用	×	×	×
	経常利益	×	×	×

臨時・突発的に生じた損益項目など

Ⅵ	特別利益	×	×	×
Ⅶ	特別損失	×	×	×
	税引前当期純利益	×	×	×
	法人税等	×	×	×
	当期純利益	×	×	×

ワンポイント

簿記2級では、より正確な理解が求められる

報告式損益計算書は、利益を段階的に示すことでその企業の特性を
わかりやすく示します。3級と比べて、より正確な理解が求められ
るため、上記の構成はしっかりと覚えておきましょう。

Ⅰ．売上高

総売上高から返品などを控除した「純売上高」を記載します。

Ⅱ．売上原価

当期に販売した商品の原価を「期首商品棚卸高」「当期商品仕入高」「期末商品棚卸高」の算定過程とともに開示します。なお、会社法上は算定過程の内訳開示までは求めていませんが、受験上は一般にその内訳を示すことになります。

Ⅲ．販売費及び一般管理費

商品の販売業務（商品を売るための活動）及び会社の一般管理業務（会社を維持するための必須の活動）から生じる費用を記載します。

Ⅳ．Ⅴ．営業外収益・営業外費用

資金の貸借取引や有価証券投資など、毎期経常的に行う活動のうち、企業の主たる営業活動（＝商品売買活動）以外の活動から生じる収益・費用を記載します。

Ⅵ．Ⅶ．特別利益・特別損失

臨時・突発的に生じた項目（通常の営業活動からは生じない項目）を記載します。

収益・費用を発生原因別に分類します！

1 財務諸表

2 純資産

3 現金・預金と債権債務など

4 有価証券

5 商品売買

6 固定資産

03 貸借対照表の基礎知識

1年間の活動を終えた期末時点の財政状況を
明らかにするのが「貸借対照表」です

　貸借対照表は、**1年間の活動を終えた期末時点の財政状態**を明らかにするために作成・開示します。

　資産を流動資産、固定資産、繰延資産（日商簿記検定2級の出題対象ではありません）の3つに区分し、負債を流動負債、固定負債に区分します。また、純資産は株主資本、評価換算差額等、新株予約権に区分します。ただし、2級の受験において「新株予約権」は出題対象とはなりません。

貸借対照表には何を記載するのか？

　貸借対照表には、以下の項目を記載します。

Ⅰ. 流動資産・流動負債

　主たる営業活動から生じた資産（売掛金など）や決算日の翌日から1年以内に現金化される資産などを流動資産に、主たる営業活動から生じた負債（買掛金など）や支払期日が決算日の翌日から1年以内の負債を流動負債に記載します。

Ⅱ. 固定資産・固定負債

　建物などのように長期的に保有する資産や決算日の翌日から1年を超えて現金化される資産などを固定資産に、支払期日が決算日の翌日から1年を超える負債を固定負債に記載します。

Ⅲ. 株主資本

　純資産（株主資本）は、株式発行にともない、株主から出資を受けた金額を資本金に、株主から出資を受けた金額のうち、資本金としなかった部分を資本剰余金に、会社が稼ぎ出した利益を利益剰余金に記載します。なお、**利益剰余金は利益準備金とその他利益剰余金に分類**され、さらに**その他利益剰余金は任意積立金と繰越利益剰余金に分類**されます。

貸借対照表の作成例

主たる営業活動から生じた負債、または支払期日が（流動資産の「現金化」と現金の支出を対応させるため）1年以内の負債

簿記2級では、繰延資産、新株予約権は出題対象になりません！

主たる営業活動から生じた資産、または1年以内に現金化される資産など

貸借対照表
令和×年×月×日
（単位：円）

資産の部			負債の部		
Ⅰ　流動資産			Ⅰ　流動負債		
1　現金預金		1,200	1　支払手形		2,500
2　売掛金	4,000		2　買掛金		1,100
貸倒引当金	△80	3,920	流動負債合計		3,600
3　有価証券		500	Ⅱ　固定負債		
4　商品		2,000	1　長期借入金		4,800
5　前払費用		100	2　退職給付引当金		5,000
流動資産合計		7,720	固定負債合計		9,800
Ⅱ　固定資産			負債合計		13,400
1　建物	6,400		純資産の部		
減価償却累計額	△1,250	5,150	Ⅰ　資本金		5,000
2　土地		11,000	Ⅱ　資本剰余金		
固定資産合計		16,150	1　資本準備金		2,000
			Ⅲ　利益剰余金		
			1　利益準備金		1,500
			2　その他利益剰余金		
			(1)　別途積立金	1,000	
			(2)　繰越利益剰余金	970	1,970
			純資産合計		10,470
資産合計		23,870	負債・純資産合計		23,870

1年を超えて現金化される資産など

株主から出資を受けた金額

支払期日が1年を超える負債

株主から出資を受けた金額のうち、資本金としなかった部分

会社が稼ぎ出した利益

1 財務諸表
2 純資産
3 現金・預金と債権債務など
4 有価証券
5 商品売買
6 固定資産

なお、資産・負債を「流動」と「固定」に分類する基準としては、「正常営業循環基準」と「1年基準（ワン・イヤー・ルール）」が存在します。これら2つの基準には適用順序が決まっていて、先に「正常営業循環基準」を適用していきます。

● 正常営業循環基準

　企業の正常な営業活動の循環過程に含まれる資産・負債を流動項目とする基準です。具体的には、以下のようになります。

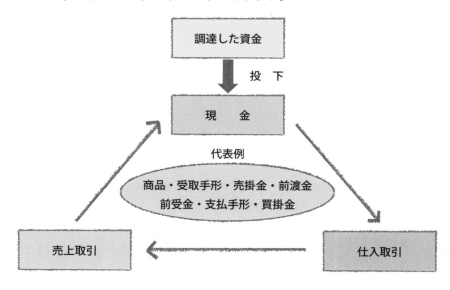

　これは、企業にとってメインの活動である「商品売買活動」に関連したものを同一区分に記載することで、貸借対照表の利用者が企業間比較などをしやすいように、といった理由で採用されます。

　そして、「正常営業循環基準」に該当しなかった項目には「1年基準」を適用します。

● 1年基準

　決算日の翌日から起算（数え始めて）して、1年以内に入金したり支払ったりするものを「流動」とし、1年を超えて入金したり支払ったりするものを「固定」とする基準です。

1 財務諸表

2 純資産

3 現金・預金と債権債務など

4 有価証券

5 商品売買

6 固定資産

◎ 1年基準の適用例

以下の資料に基づいて、当期（×1年4月1日〜×2年3月31日）の貸借対照表（一部）を作成しなさい。

【資料1】決算整理前残高試算表（一部）

決算整理前残高試算表	（単位：円）
借入金	6,000

【資料2】その他
決算整理前残高試算表の借入金のうち、2,000円は×2年6月30日を返済日とするものであり、残額は×5年6月30日を返済日とするものである。

貸借対照表
×2年3月31日　（単位：円）

Ⅰ　流動負債	
短期借入金	2,000
Ⅱ　固定負債	
長期借入金	4,000

　借入金は正常営業循環基準ではなく、1年基準に基づき「流動」と「固定」に分類します。今回の場合、決算日（×2年3月31日）の翌日から起算して、1年以内に返済する2,000円を「流動負債」に記載し、1年を超えて返済する残りの4,000円を「固定負債」に記載します。

　なお、流動負債に記載する借入金は「短期借入金」という名前で記載し、「固定負債」に記載する借入金は「長期借入金」という名前で記載することで、よりわかりやすくしていきます。

ワンポイント

「流動・固定」分類は「決算日の翌日」から数えて判断！

借入金や貸付金に関する「流動・固定」分類は、1年基準に基づき「決算日の翌日」から1年以内に返済日を迎えるなら「流動」と判断し、1年を超えて返済日を迎えるなら「固定」と判断します。よって、借入（貸付）期間が5年のものであっても、決算日の翌日から1年以内に返済日を迎える場合には「流動」に分類されることになりますから注意しましょう。

04 株主資本等変動計算書

当期首から当期末までの純資産の増減を
詳細に表したのが「株主資本等変動計算書」です

　会社の純資産の動きを記録する報告書のことを、株主資本等変動計算書（S/S：Statement of Stockholders' equity）と呼びます。具体的には、**当期首（前期末）から当期末までの純資産の増減内容を明らかにする**ために作成されます。

　かつては純資産の変動要因が少なかったため必要性が乏しかったのですが、会社法の制定以降、純資産の増減をともなう取引が一気に増加したため、作成されるようになりました。

株主資本は増減内容を詳細に記載

　純資産にはいくつかの項目が記載されますが、そのうち株式会社のオーナーである株主の取り分といえる株主資本は、特に重要性が高いため、**詳細にその増減内容（どういった理由で増加し、どういった理由で減少したか）を明らかに**していきます。

　一方、株主資本以外の各項目に関しては、**当期の純増減額のみを記載**します。

株主資本の増減	当期変動額を変動事由ごとに詳細開示
株主資本以外の増減	当期変動額を純額で開示

　株主資本の記載については、以上の点をしっかりと覚えておきましょう。

株主資本は重要なので、
増減内容を詳細に記載
します！

1 財務諸表
2 純資産
3 現金・預金と債権債務など
4 有価証券
5 商品売買
6 固定資産

◉ 株主資本等変動計算書の作成例

	株主資本									評価・換算差額等		純資産合計
		資本剰余金			利益剰余金							
						その他利益剰余金						
	資本金	資本準備金	その他資本剰余金	資本剰余金合計	利益準備金	任意積立金	繰越利益剰余金	利益剰余金合計	株主資本合計	その他有価証券評価差額金	評価・換算差額合計	純資産合計
当期首残高	×××	×××	×××	×××	×××	×××	×××	×××	×××	×××	×××	×××
当期変動額												
新株の発行												
剰余金の配当等					×××		△×××	△×××	△×××			△×××
当期純利益							×××	×××	×××			×××
株主資本以外の項目の当期変動額（純額）												
当期変動額合計					×××			×××	×××			×××
当期末残高	×××	×××	×××	×××	×××	×××	×××	×××	×××	×××	×××	×××

減少の際は「△」を必ずつける

当期の純増減額を示す

📖 ワンポイント

株主資本関連の処理の理解は必須！

株主資本等変動計算書の作成問題では、40ページ以降で後述する株主資本関連の処理も必ず問われます。問題に対応するには、これらの処理に関する理解が必須となります。

「会計」を分類する①

　皆さんが学んでいる「簿記」は、企業会計を実施するための基本知識です。

「会計」とは、一般的に「特定の経済主体（≒企業など）の経済活動を、貨幣額などを用いて計数的に測定し、その結果を報告書にまとめて利害関係者（ステークホルダー）に伝達するシステム」と定義されます。

　つまり、企業の状況に経済的な関わりを持つ人たちに正しく状況を伝えるためのシステムということです。

　企業業績等に関心を持つ利害関係者には、出資者（配当の多寡や株価の向上など）・各階層の経営管理者（企業業績の向上などを目的とする経営判断実施のための基礎データの取得）・国や地方公共団体等の公的機関（納税や雇用政策実施のための基礎データ）・労働者（雇用の維持や待遇の改善）などが考えられます。そこで各層の利害関係者に必要な情報の提供を行うことを目的に会計は行われます。このために使用されるのが「財務諸表」です。

　皆さんが「簿記」を学ぶということは、ある意味において「正確な財務諸表の作成ができるような能力の取得」を目的にしている、ということなのです。

簿記では「財務諸表を正確に作れる能力」を得ることが目的となるのです！

第 2 章

純資産

純資産の概念

純資産とは貸借対照表上の**資産と負債の差額**で、下記のように計算されます。

資産合計 － 負債合計 ＝ 純資産合計

簡単にいうと、期末に保有する財産などを意味する資産合計から、同じく期末に背負っている借金などを意味する負債合計を差し引いて求められる正味の財産が純資産です。

純資産にはいくつかの項目が該当しますが、このうち中心となるのが株主資本です。株主資本は純資産のうち、株式会社のオーナーである株主の取り分（「帰属する」といいます）で、最も重要性が高い項目です。

株主資本は3つに大別できる

株主資本は資本金、資本剰余金、利益剰余金の3つに大別されます。このうちオーナーである株主から企業の元手として出資してもらった金額のうち、**特に会社の基礎財産として企業内に留め置く必要の高いもの**を資本金とし、**資本金としなかった部分**を資本剰余金とします。利益剰余金は**会社が稼ぎ出した儲けにより構成されるもの**で、特定の状況において会社法の定めにより積立てたものを利益準備金とし、それ以外をその他利益剰余金とします。

なお、「その他利益剰余金」は任意積立金と繰越利益剰余金に細分されますが、任意積立金は何らかの目的を達成するために企業の判断で積立てたものをいいます（私たちが「○○が欲しいから、もらった給料の一部を取っておこう」とする感じです）。そして、企業の判断で使用可能な利益が繰越利益剰余金となり、株主総会（株主が行う会議）の決定によってその使い道が決定されます。

◎ **株主資本は「資本金」「資本剰余金」「利益剰余金」に大別される**

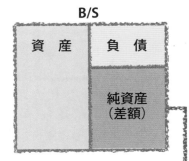

資産合計から負債合計を引いたものが、純資産です！

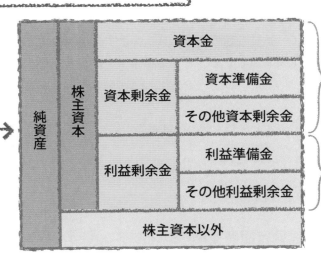

株主からの出資分（払込資本）

稼ぎ出した儲け（留保利益）

---

1 財務諸表
2 純資産
3 現金・預金と債権債務など
4 有価証券
5 商品売買
6 固定資産

📖✒ **ワンポイント**

払込資本と留保利益の区別が重視される理由

簿記では伝統的に払込資本と留保利益を明確に区別することを重視します。これは本来、企業の財政的基盤となすべき「元手」（払込資本）と処分可能な「もうけ」（留保利益）を明確に分ける必要があることなどの理由によるものです。なお、実際に企業判断で処分できる部分は会社法に定めがあり、その他資本剰余金とその他利益剰余金（繰越利益剰余金）が該当します。

02 株式の発行

株式発行にともなう資本金等組入額の
計算方法を覚えましょう

　会社を作るとき（会社設立時）や、会社を作ってしばらく経ってから事業規模を拡大するとき（増資時）などには、資金を集めるために株式を発行します。

　会社法では、株式発行した際に資本金で処理すべき金額の計算方法を規定しており、原則として「**払込金額の総額を資本金とする＝株の代金としてもらったお金はすべて資本金とする**」としています。ただし、払込金額の1/2以上を資本金とすれば、残りは資本金ではなく資本準備金で処理することも認められます。

● **株式発行にともなう資本金等組入額の計算方法**

原　則	払込金額の総額を資本金とする。
容　認	払込金額の1/2以上を資本金とする。 ➡ 残りは資本準備金で処理する

会社設立時の株式発行関連支出

　株式発行に際しては、金融機関の取扱手数料など、さまざまな諸費用が生じることがあります。

　会社設立時に要した株式発行関連の支出は各種設立時の諸費用と併せて創立費（費用）で処理し、増資時（「新株発行時」ともいいます）であれば株式交付費（費用）で処理することになります。

● **株式発行費用の例**

株式募集の 広告費	資本金増加登記のための 登録免許税	など

1 財務諸表

2 純資産

3 現金・預金と債権債務など

4 有価証券

5 商品売買

6 固定資産

◎ 株式発行の具体例①

会社設立に際し、株式 100 株を@30,000 円で発行し、払込金額を当座預金とした。なお、会社設立に際して諸費用 300,000 円を現金で支払っている。

● 株式の払込金額
発行株数 100 株 × 発行価額 @30,000 円
＝3,000,000 円

問題文に「資本金」とすべき額の指示がなければ原則で処理します！

● 株式発行の仕訳

借方科目	金　額	貸方科目	金　額
当座預金	3,000,000	資 本 金	3,000,000

● 会社設立費用の支払い

借方科目	金　額	貸方科目	金　額
創 立 費	300,000	現　　金	300,000

◎ 株式発行の具体例②

新株発行に際し、株式 100 株を@30,000 円で発行し、払込金額を当座預金とした。なお、資本金組入額は会社法で認められる最低限度額とする。

本問の場合、問題指示で「〜資本金組入額は会社法の最低限度額とする」旨の指示があるため、容認処理を採用するものと判断できる。この際には、以下の手順で資本金等組入額を計算する。

「新株発行」時に諸費用があれば、「株式交付費」で処理します！

① 株式の払込金額：発行株数 100 株 × 発行価額@30,000 円＝3,000,000 円
② 資本金とすべき額：払込金額 3,000,000 円 ×1/2＝1,500,000 円
③ 資本準備金とすべき額：払込金額 3,000,000 円－資本金組入額 1,500,000 円
　　　　　　　　　　　　＝1,500,000 円

● 株式発行の仕訳

借方科目	金　額	貸方科目	金　額
当座預金	3,000,000	資 本 金	1,500,000
		資本準備金	1,500,000

03 利益の記帳及び処分

準備金の積立額は出題頻度が高いので、
手順を暗記して計算しましょう

決算手続の結果把握された当期純利益は、繰越利益剰余金の増加で処理します。

借方科目	金　額	貸方科目	金　額
損　益	×××	繰越利益剰余金	×××

決算の結果当期純損失が把握された場合には、繰越利益剰余金の減少で処理します。当期純利益が算定された場合の逆と考えれば、覚えやすいでしょう。

借方科目	金　額	貸方科目	金　額
繰越利益剰余金	×××	損　益	×××

その後、翌期に入ってから3ヶ月以内に株式会社のオーナーが集まって行う会議である株主総会において、獲得した利益のうちいくらを配当金とするか、任意積立金の設定を行うかを決定します。これらは一般に、利益処分といわれます。

会社法で定められた準備金の積立

会社法においては株主への配当に際して準備金を積立てることを要請しています。具体的には、「繰越利益剰余金」を財源に配当した場合には、「利益準備金」を積立てます。準備金の積立額は会社法で決まっているため、**受験者はこれを暗記し、計算できるようにならなくてはなりません。**

会社法では稼ぎ出した儲けである「繰越利益剰余金」以外に、資本剰余金に該当する「その他資本剰余金」も配当財源として使用することを認めており、この際には、同じ資本剰余金である「資本準備金」を積立てることにな

◎ 利益処分の流れ

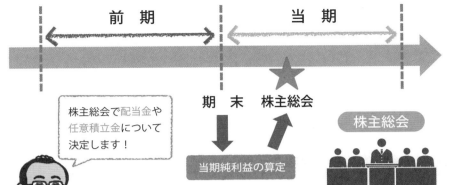

株主総会で配当金や任意積立金について決定します！

期 末　株主総会

当期純利益の算定

株主総会

◎ 積立てるべき「準備金」の判定

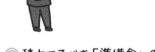

配当の財源

積立てるべき準備金

| 繰越利益剰余金 | → | 利益準備金 |
| その他資本剰余金 | → | 資本準備金 |

積立てるべき準備金は、配当財源と同じグループ（属性）のものとなるので注意しましょう！

📖 ワンポイント

会社法が要請する「準備金」の積立

ある会計期間で生じた利益は、翌期に開催される株主総会でその使い道が決定されることになります。利益の使い道で代表的なものが株主への配当（利益の分配）ですが、配当をする場合には会社法の定めにより「準備金」も積立てなくてはなりません。「準備金」とは、債権者のために企業内に積立てるもので、もしも会社が潰れたときには資本金と準備金を用いて「借金返済」に充てます。会社法は「株主に配当を行うのなら、債権者にも配慮しなさい」という意味で、準備金の積立てを求めているのです。

1 財務諸表
2 純資産
3 現金・預金と債権債務など
4 有価証券
5 商品売買
6 固定資産

ります。

　いずれを配当財源として使用しても、**同じグループに属する「準備金」の積立が必要になる**のです。

確実に覚えたい準備金の積立額の計算手順

　配当にともなう準備金の積立額は、以下の手順で計算します。本試験においては**出題頻度の高い論点**です。しっかり覚えておいてください。

● 準備金積立額の計算手順

> Step 1　配当額の1/10を計算する。
> Step 2　資本金×1/4－（資本準備金＋利益準備金）を計算する。
> Step 3　準備金積立額を決定。
> 　　　　（ Step 1 と Step 2 を比較して、小さいほうを準備金積立額とする）

　※ Step 2 の資本金等は、すべて配当時点の金額を使用する。

　上記の計算式に含まれる「1/10」や「資本金の1/4」などの数値は、非常に覚えにくいものだと思います。

　実際、講義でも多くの受講生から論拠についての質問をいただきますが、「これまでの慣例」としか言いようがありません。会社法が新設される以前の**「商法」時代からの慣例**で、当時の偉い方々が「これくらいでいいんじゃない」（そこまで軽くはないでしょうが）と決めたことであり、会計的な観点からの根拠はないのです。

計算式をしっかり頭に
入れましょう！

◎ 利益処分に関する具体例

×2年6月15日開催の定時株主総会で繰越利益剰余金を財源とする1,000円の配当及び別途積立金 50 円（任意積立金に該当する）が決議された。なお、資本金・資本準備金・利益準備金・繰越利益剰余金の残高はそれぞれ貸方残高 6,000 円、200 円、1,240 円、2,500 円であった。

本問の場合、「繰越利益剰余金」を財源として配当を行っているため、「利益準備金」の積立額を計算し、仕訳をする必要がある。

● 準備金積立額の計算

Step 1 配当額1,000円×1/10＝100円

Step 2 資本金6,000円×1/4－（資本準備金200円＋
利益準備金1,240円）＝60円

Step 3 **Step 1**（100円）＞ **Step 2**（60円）

準備金積立額は 60 円

● 仕 訳

借方科目	金　額	貸方科目	金　額
繰越利益剰余金	1,110	利益準備金	60
		別途積立金	50
		未払配当金	1,000

貸方の合計額だけ繰越利益剰余金が減少する！

株主総会の配当決議時には、配当の支払が決定したのみなので、未払配当金（負債）で処理します！

1 財務諸表
2 純資産
3 現金・預金と債権債務など
4 有価証券
5 商品売買
6 固定資産

04 株主資本の係数変動

「株主に出してもらった元手」と
「稼ぎ出した儲け」は、性格が異なります

　会社法上、株式会社は所定の手続を経ることにより、**株主資本の内訳を組み替える**ことができます。これを株主資本の係数変動といいます。

　株主資本の係数変動は無制限にできるものではなく、基本的には払込資本に該当する「資本金」「資本剰余金」内部での組み替えと、留保利益に該当する**「利益剰余金」内部での組み替えのみが認められます**。つまり、「株主から出してもらった元手と、稼ぎ出した儲けは性格が異なるのでごちゃ混ぜにしてはいけない！」ということです。

　ただし、対外的な信用強化を図るという政策的な観点から、**利益剰余金を資本金に組み入れることだけは例外的に認められています**。

● 株主資本の代表例

	減少項目	増加項目
「払込資本」 内部での変動	資本金 ➡	資本準備金
	資本金 ➡	その他資本剰余金
	資本準備金 ➡	資本金
	資本準備金 ➡	その他資本剰余金
	その他資本剰余金 ➡	資本金
	その他資本剰余金 ➡	資本準備金
「留保利益」 内部での変動	利益準備金 ➡	繰越利益剰余金
	繰越利益剰余金 ➡	利益準備金
	繰越利益剰余金 ➡	任意積立金
「利益」の 資本組み入れ	利益準備金 ➡	資本金
	繰越利益剰余金 ➡	資本金

◎ 株主資本の係数変動に関する具体例①

会社法上の手続きを経て、資本金を 50,000 円取崩して準備金とする株主資本の係数変動を行うこととした。

本問の場合、「資本金」を取崩して「準備金」とすることとした旨の指示があるが、株主資本には「準備金」と名のつくものとして「資本準備金」と「利益準備金」の 2 つがある。株主資本の係数変動に際しては、原則として「払込資本内部での組み替え」または「留保利益内部での組み替え」が認められるため、払込資本に該当する「資本金」を振替えられるのは、同じ払込資本である「資本準備金」であると判断し処理する。

「払込資本」という性格は、変わるものではありません！

● 仕　訳

借方科目	金　額	貸方科目	金　額
資本金	50,000	資本準備金	50,000

◎ 株主資本の係数変動に関する具体例②

会社法上の手続きを経て、利益準備金を 50,000 円取崩して資本金に組み入れる株主資本の係数変動を行うこととした。

本問の場合、留保利益たる「利益準備金」を取崩して「資本金」とすることとした旨の指示があるので、株主資本の係数変動でも例外的な「利益の資本組み入れ」に該当するものと判断し、適切に処理する。

「留保利益」⇒「払込資本」。これはあくまでも例外！

● 仕　訳

借方科目	金　額	貸方科目	金　額
利益準備金	50,000	資本金	50,000

📖 ワンポイント

係数変動への対応のヒント

係数変動に対応するためには、何が「払込資本」で何が「留保利益」かを、しっかり押さえることが大切です。

1 財務諸表

2 純資産

3 現金・預金と債権債務など

4 有価証券

5 商品売買

6 固定資産

「会計」を分類する②

会計は、適用対象・報告対象などの違いから、下記のように分類できます。

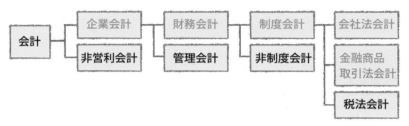

※上図のうち、主として簿記2級で学習するのは赤字で示した部分

　会計のうち、営利企業に適用されるのが「企業会計」であり、国や地方公共団体、学校法人などに適用されるのが「非営利会計」です。

　企業会計は報告対象（情報提供先）の違いにより、「財務会計」と「管理会計」に分類されます。「財務会計」は、企業外部の利害関係者に対して必要な情報提供を行うことを目的とし、「管理会計」は企業内部の経営管理者（経営者や各層の管理職など）に対する情報提供を目的とします。「財務会計」は多種多様な不特定多数の利害関係者に対する情報提供を目的とするため、社会的影響も大きくなります。ですから、「財務会計」は各種法令等の規制を受けます。この法令等に基づいて行う「財務会計」を、特に「制度会計」といいます。この制度会計を通じて企業は自社の状況を外部に伝達し、社会的信用を醸成することで自らの事業を行う基盤を形成していくのです。

　皆さんが学ぶ簿記は、ともすると地味で古くさいイメージを持たれるかもしれませんが、人が一人だけでは生きていけないように、企業も社会的関係性を保持せずに生き残ることはできません。簿記知識の重要性は現代社会においても劣化することはないのです。

第 3 章

現金・預金と
債権債務など

受験簿記において、企業が保有する現金及び各種預金は、右ページ上図のように、「現金」勘定、「当座預金」勘定、「普通預金」勘定という3つの勘定科目を用いて記録するのが一般的です。

「現金」勘定は、**簿記上の現金に関する増減内容を記録**します。簿記上の現金とは、お札や硬貨（ドルなどの外国通貨を含む）等の通貨以外に、金融機関に提示することですぐに通貨に変えることができる通貨代用証券も含みます。

　通貨代用証券とは総称で、日商簿記検定では他人振出小切手、配当金領収証、期限到来した公社債利札がよく出題されます（簿記3級と同じですね）。

　2級の受験上、**「現金」に係る基本的な処理内容は3級と同じ**ですのでここでは割愛しますが、しっかり対応できるようにしておきましょう。

　また、企業はその営業活動の過程において、さまざまな預金を活用します（定期預金・納税準備預金・別段預金など）が、基本的には預金の種類ごとに勘定科目を設定し、記録していくことになります。

当座預金を適切に管理する「銀行勘定調整表」

　簿記2級の試験においても**頻繁に出題されるのは、「当座預金」に関する処理**となります。特に2級では、銀行勘定調整表の作成という論点が追加されます。

　銀行勘定調整表は、企業が「当座預金」の管理を適切に行うために作成する内部資料です。

　具体的には、銀行が発行する「残高証明書」の内容と、自社が記録する「当座預金」勘定のデータに不一致が生じた場合、銀行勘定調整表を作成し、不一致原因の調査及び誤りの修正を行います。その概要は次項で説明します。

◎ 現金及び各種預金の勘定科目

勘定科目	記録内容
「現金」勘定	通貨＋通貨代用証券 （3級と同じです）
「当座預金」勘定	当座預金口座を 開設・利用する場合に使用
「普通預金」勘定	普通預金口座を 開設・利用する場合に使用

◎ 銀行勘定調整表の作成状況など

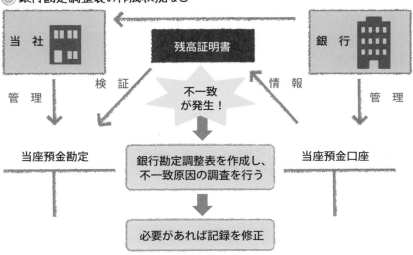

当 社 ── 検証 ← 残高証明書 → 情報 ── 銀 行

管理 → 当座預金勘定

不一致が発生！

銀行勘定調整表を作成し、不一致原因の調査を行う

必要があれば記録を修正

管理 → 当座預金口座

📖✒ ワンポイント

現金預金と長期性預金

貸借対照表の作成上、期限のある預金を除き、現金及び各種預金は一括して流動資産の区分に「現金預金」として開示されます（手許にあるか銀行にあるかの違いだけで、いずれにしても会社が持っている金という意味では同じだから）。期限のある預金（主に定期預金）は、1年基準に基づき、決算日の翌日から1年以内に満期を迎えるものは流動資産たる「現金預金」に含め、1年を超えて満期日を迎える場合には、固定資産（投資その他の資産）たる「長期性預金」として開示します。

1 財務諸表
2 純資産
3 現金・預金と債権債務など
4 有価証券
5 商品売買
6 固定資産

各種の債権債務（手形の分類）

営業活動に関連して使用する売掛金、買掛金などは
簿記3級同様、2級でも頻繁に出題されます

受験簿記上では、企業活動の過程で生じる各種の債権・債務を記録する勘定は相当数存在しますが、その中でも主たる営業活動（つまり商品売買活動）に関連して使用する売掛金（資産）、買掛金（負債）などは、日商簿記検定3級同様に**2級でも頻繁に出題**されます。

また、**手形を用いた各種取引も頻繁に出題**されますが、2級では3級よりも出題内容が増加します。

手形に関しては、どんな取引で使用されたかによって記録に用いる勘定科目が変わってきます。また、伝統的な紙の手形を用いた場合と、近年使用頻度が高まってきたいわゆる電子手形（紙でやり取りするのではなく、手形取引のすべてを電子データでやりとりするもの）を使用した場合では記録に用いる勘定科目が変わってきます。

商業手形の分類

何らかの売買取引が行われ、その代金を授受するために用いる手形を商業手形と呼びます。

このうち、商品代金（掛代金を含む）を授受するために用いるものを営業手形、商品以外の売買代金（有価証券や土地・車両などの固定資産の売買代金が該当）を授受するために用いるものを営業外手形と呼びます。また、手形を借用証書の代わりに使用した場合、これを金融手形といいます。簿記3級で学習した手形貸付金などがこれに該当します。

電子手形を使用した場合には、紙媒体の手形と区別するため、**別の勘定科目を用いて処理**します。ただし、学習簿記上の観点からいうと、その本質は紙媒体の手形と変わりません。ですから、あくまでも知識の流用で対応するとよいと思います。

◎ 手形の分類と勘定科目

```
                              ┌─ 営業手形（商品代金等）
              ┌─ 商業手形 ────┤
              │  （売買代金授受）└─ 営業外手形（商品以外の代金）
手形取引 ─────┤
              └─ 金融手形
                 （資金調達等）
```

> どんな取引に使用されたかによって、勘定科目が違います！

	受取人	支払人
営業手形	受取手形	支払手形
営業外手形	営業外受取手形	営業外支払手形
金融手形	手形貸付金	手形借入金

◎ 電子手形の記録

勘定科目	紙媒体の手形	電子手形
受取人（営業手形）	「受取手形」勘定	「電子記録債権」勘定
受取人（営業外手形）	「営業外受取手形」勘定	「営業外電子記録債権」勘定
支払人（営業手形）	「支払手形」勘定	「電子記録債務」勘定
支払人（営業外手形）	「営業外支払手形」勘定	「営業外電子記録債務」勘定

📖 ワンポイント

営業手形は流動資産か流動負債で開示する

貸借対照表の作成上、営業手形は「正常営業循環基準」に基づき、流動資産または流動負債として開示します。営業外手形は1年基準に基づき分類がなされます。固定項目と判定された場合、「長期営業外受取手形」「長期営業外支払手形」の名称で表示されます。また、金融手形はB/S上、1年基準に基づき分類がなされ、その表示科目は「短期貸付金」「短期借入金」「長期貸付金」「長期借入金」に含めて開示されます。

1 財務諸表

2 純資産

3 現金・預金と債権債務など

4 有価証券

5 商品売買

6 固定資産

03 手形の割引

企業は資金繰りなどを理由に、満期日前に
手形を銀行に売却して現金化することができます

　手形とは、その所有者が満期日（支払期日）に銀行へ手形を提示することで（支払人の預金から引き落とされた）手形代金を受け取れる証書です。そのため、本来的には満期日まで手形代金を受け取ることはできませんが、企業は**資金繰りの都合などから満期日前に手形を銀行に売却することで現金化**することも可能です。これを手形割引といいます。

　なお、手形割引を行った場合、企業が受け取れる現金は必ず**手形金額よりも少なくなります**。

割引料は銀行が設定する手数料のようなもの

　手形割引にともなう手取額は、具体的には以下のように計算されます。

手取額 ＝ 手形金額 － 割引料

　ここで言う割引料とは、銀行が設定する言わば手数料のようなもので、具体的には利息に準じて計算されます。"金貸し"が善意で何かをすることはないはずなので、絶対に割引料は取られます。

　余談ですが、私の経験上、「信用」と「信頼」の違いを最もよく理解できる具体的な対象は金融機関です。

「金融機関は信用するけど信頼はしない」。これが私の信条です（あちらもそうでしょうが）。皆さんはどうでしょうか？

　なお、割引料は以下の要領で計算されますので、この計算方法をしっかり押さえておきましょう。

$$割引料 ＝ 手形金額 \times 年割引率 \times \frac{割引日数（割引日～満期日）}{365 日}$$

◎ 手形割引に係る具体例

×2 年 4 月 11 日、当社はかつて得意先石川商店より受領していた約束手形 200,000 円（満期日：×2 年 4 月 30 日）を取引銀行で割引き、割引料を差し引かれた手取金を当座預金とした。なお、割引日数は 20 日であり、割引率は年 7.3%である。

　当社は、かつて受け取っていた他社振出の約束手形を満期日前に現金化する目的で割引に付している。そのため、この際の処理を行うことになるが、本問においては銀行に差し引かれる割引料が明示されていないため、問題資料の割引率及び割引日数に基づきこれを計算し、手取額の算定を行う必要がある。

左ページの計算方法にあてはめてみましょう！

● 割引料の計算

$$手形金額 200,000 円 \times 7.3\% \times \frac{割引日数 20 日}{365 日} = 800$$

　割引にともない差し引かれる割引料は、「手形売却損」（費用）で処理する。

● 割引による手取額

$$手形金額 200,000 円 - 割引料 800 円 = 199,200 円$$

　上記計算結果に基づき、仕訳を行う。

● 仕 訳

借方科目	金 額	貸方科目	金 額
当座預金	199,200	受取手形	200,000
手形売却損	800		

04 手形の不渡り

満期日に手形が現金化されないと、
「手形の不渡り」となります

　手形支払人の資金難などにより、手形が満期日に現金化されなくなること
を手形の不渡りといいます。手形の不渡りに対応するためには予備知識が必
要です。

　手形取引は「手形法」等の各種法令の下で行われます。これらの規制の中
で、受験上重要なのが遡求権（そきゅう）の規定です。

遡求権では裏書人への請求も認めている

> 手形取引は手形法等の規定に従い実施される

⬇ 規定等により

> 手形保有者は、所有する手形が不渡りとなった場合、その手形の裏書人
> または支払人に対して手形代金などを請求することができる（遡求権）

⬇ したがって

> 保有手形が不渡りとなった場合には、その手形代金等を
> 裏書人または支払人に請求することになる（遡求権の行使）

　遡求権は、手形支払人のみならず、その手形の裏書をしてきた裏書人に対
しても請求することを認めています（本来、手形代金の支払義務がないにも
かかわらずです）。受取人にしてみれば、どこの誰かも知らない企業が支払
人となっている手形なんてもらいたくないと思うのが普通です。

　ただし、もし不渡りが生じても、直接取引をしている裏書人に請求できる
なら手形裏書を受けてもよいと判断する企業も出てくるでしょう。つまり、
遡求権とは、**手形裏書をはじめとする各種手形取引を円滑に進めるために**認
められたシステムなのです。

1 財務諸表

2 純資産

3 現金・預金と債権債務など

4 有価証券

5 商品売買

6 固定資産

◎ 手形の不渡りに係る具体例

> かつて裏書譲渡されていた青森商店振出、石川商店宛の約束手形 100,000 円が本日満期日となったが、青森商店の資金繰り悪化にともない不渡りとなった。これにより、当社は支払拒絶証書を作成（作成費用 1,000 円は現金払いした）し、石川商店に対して償還請求した。

　本問の場合、当社が保有していた青森商店振出の約束手形が不渡りとなったため、裏書人である石川商店に手形代金の請求を行う（遡求権の行使）。遡求権の行使に際しては、手形代金はもとより、請求に要した一切の支出を併せて請求することが認められているため、今回当社が支払った支払拒絶証書（手形が不渡りとなった証明書）の作成費用も併せて請求する。なお、遡求権の行使による代金請求権は「不渡手形」（資産）で処理することも併せて確認してほしい。

> 裏書していた手形が不渡りとなったパターンですね！

● 当社の仕訳

借方科目	金　額	貸方科目	金　額
不渡手形	101,000	受取手形	100,000
		現　　金	1,000

全額請求！

　当社から遡求権の行使を受けた石川商店は、当社に対しては裏書した責任があるので支払を拒否することはできない。そのため、請求額の支払を行うこととなるが、本来的な手形支払人は青森商店であるため、石川商店は当社に対する支払額を支払人である青森商店に請求する。このように請求が遡っていくことから「遡求権」という名称となる。

● 石川商店の仕訳

借方科目	金　額	貸方科目	金　額
不渡手形	101,000	現　　金	101,000

石川商店の請求権

05 貸倒引当金の設定・表示

貸倒引当金の設定では、
詳細な貸倒見積高の計算などが求められます

決算において、期末時点で未回収の売上債権（受取手形や売掛金）等のうち、次期以降に回収不能となる可能性がある部分（貸倒見積高）については、貸倒引当金の設定を行います。

基本的な作業内容は日商簿記検定3級と同様ですが、2級の場合には、**債務者の状況を考慮して、より詳細な貸倒見積高の計算などが求められる**ことになります。

貸倒引当金の設定は、以下の手順を踏みます。

● 貸倒引当金設定の手順

> Step 1 貸倒見積高の計算を行う
>
>
>
> Step 2 差額補充法により設定仕訳

金銭債権は「営業債権」と「営業外債権」に分けられる

貸倒引当金は、売上債権（受取手形や売掛金）のみに対して設定するわけではありません。回収不能の発生が予想される他の金銭債権（お金を請求する権利全般）に対しては貸倒引当金の設定が可能で、いかなる項目に対して貸倒引当金の設定を行うかは問題指示に従うことになります。

具体的には、貸付金や営業外受取手形なども貸倒引当金の設定対象に含まれることがあるのですが、この際に注意が必要なのが、**「貸倒引当金繰入」の損益計算書上の表示方法**です。

金銭債権は、いかなる種類の取引から生じたかにより、営業債権と営業外債権に分類されます。

営業債権は、企業の行う主たる営業活動から生じたものを意味するので、

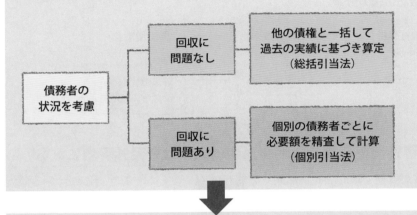

◎ 貸倒引当金の設定手順

Step 1 貸倒見積高の計算を行う

　問題指示に基づき、貸倒引当金の設定対象債権に対し必要な貸倒見積高の計算を行う。なお、その際には、債務者の状況を考慮し以下の2通りの計算方法のうち、いずれかを採用して計算する。

```
                    ┌──────────┐   ┌────────────────────┐
                    │ 回収に   │   │ 他の債権と一括して │
           ┌────────│ 問題なし │───│ 過去の実績に基づき算定 │
           │        └──────────┘   │   （総括引当法）   │
┌──────────┐                        └────────────────────┘
│ 債務者の │
│ 状況を考慮 │
└──────────┘                        ┌────────────────────┐
           │        ┌──────────┐   │ 個別の債務者ごとに │
           └────────│ 回収に   │───│ 必要額を精査して計算 │
                    │ 問題あり │   │   （個別引当法）   │
                    └──────────┘   └────────────────────┘
```

Step 2 差額補充法により設定仕訳

簿記3級と同様の処理をする

処理方法は2級も3級も変わりません！

ワンポイント

簿記2級では「見積高の計算」がより詳細に！

2級で追加されるのは、「見積高の計算」が3級より詳細になるだけ！　その後の設定仕訳は、3級と基本的に同じです。

1 財務諸表
2 純資産
3 現金・預金と債権債務など
4 有価証券
5 商品売買
6 固定資産

「売上債権」のことだと考えれば問題ありません。

　営業外債権は商品売買活動以外の活動から生じたものを意味しますので、**商品売買活動以外の活動から生じた「営業外受取手形」や「貸付金」**などがこれに該当すると考えればよいでしょう。

● 金銭債権の分類

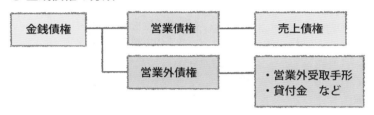

営業外債権に係る貸倒引当金繰入額は営業外費用に区分

　「営業債権」は商品売買活動に関連して生じたものであり、これに係る「貸倒引当金繰入額」は商品売買活動に関連する費用であるため、損益計算書上は販売費及び一般管理費の区分に記載します。

　また、「営業外債権」は商品売買活動とは無関係に生じるものであるため、これに係る**「貸倒引当金繰入額」は、損益計算書上は「営業外費用」の区分に記載**します。

◎ 営業債権と営業外債権の記載

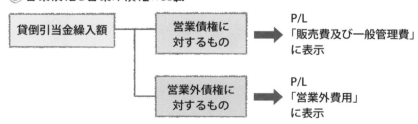

1 財務諸表

2 純資産

3 現金・預金と 債権債務など

4 有価証券

5 商品売買

6 固定資産

◎ 貸倒引当金の設定に関する具体例

決算にあたり、売掛金の期末残高 9,000 円に対し 2%の貸倒引当金を設定する。ただし、この 9,000 円には小田原商店に対する 2,000 円が含まれるが、同社の財政状態が極めて悪化しているため、担保の処分見込額 500 円を控除した残額に対し、50%の貸倒引当金を設定することにする。なお、期末における貸倒引当金残高は 0 である。

本問の場合、決算において貸倒引当金の設定を行うにあたり、作業の **Step 1** に該当する「貸倒見積高」の計算では注意が必要。特に貸倒れの可能性が高まっている小田原商店に対する売掛金と、他の売掛金では貸倒れ（回収不能）の発生リスクが異なるため、両者を分離して計算する必要がある。

貸倒れの発生リスク が異なる場合は、分 離して計算します！

Step 1 貸倒見積高の計算を行う

問題指示に基づき、貸倒引当金の設定対象債権に対し必要な貸倒見積高の計算を行う。なお、その際には、債務者の状況を考慮し以下の 2 通りの計算方法のうち、いずれかを採用して計算する。

| 決算整理時の売掛金 9,000 円 | ─┬─ 小田原商店　2,000 円 |
| ─┴─ 他の得意先　7,000 円（差額） |

小田原商店宛売掛金	（2,000－担保500）×50%	=	750
他の得意先宛売掛金	7,000×2%	=	140
			890

Step 2 差額補充法により設定仕訳

借方科目	金　額	貸方科目	金　額
貸倒引当金繰入額	890	貸倒引当金	890

「貸倒引当金の設定」
不良債権の処理

　皆さんも、ニュースなどで「不良債権処理」という言葉を聞いたことがあると思います。「不良債権処理」とは、経営状態の悪化などで融資額等の回収に問題が生じた債務者に対する債権の処理を行うことを意味します。

　この「不良債権処理」にはさまざまな手続や技法が存在しますが、「貸倒引当金の設定」も、不良債権処理の代表的な技法の一つです。債権者は、債務者である企業の業績悪化などを把握した時点で適切に「貸倒引当金」を設定しておきます。このときには以下のように処理します。

（借）貸倒引当金繰入額 100　（貸）貸倒引当金 100

　上記手続の後、翌年度において実際に売掛金 100 が回収不能となった際には以下の処理がなされます。

（借）貸倒引当金 100　　（貸）売掛金 100

　上記処理からも明らかなとおり、債権者側では実際に回収不能が生じた時点で対象の売掛金を減額するとともに、設定済みの貸倒引当金を充当し処理が完結します。つまり、実際の回収不能の発生に備えて貸倒引当金を設定しておくことで、事前に回収不能にともなう費用を「貸倒引当金繰入額」という形で処理しているのです。こうすれば、債権者側では予期せぬ費用を計上しなくてすむという効果が生じます。

　新型コロナによる各種制限が解除された現在、大手優良企業などとの取引が多い金融機関では貸倒引当金の設定額が減少し、中小企業などとの取引が多い金融機関では貸倒引当金の設定額が増加して、「二極化」が進んでいるそうです。

第 **4** 章

有価証券

簿記上の有価証券は、**一般的に使用される「有価証券」と範囲が異なります**。一般的には、手形や小切手のような換金価値を持った証書も有価証券と表現することが多いですが、簿記上の有価証券とは、金融商品取引法の第2条に定められた項目です。具体的には、株式と公社債（債券）が該当します。

株式は株主の地位を表す証書で、債券は借用証書の一種

　株式とは、その発行会社の株主（オーナー）の地位を表す証書であり、株式を購入するということは、その**会社の「株主」としての地位を買う**ということです。**会社の純資産は基本的に株主のもの**であるため、その会社が利益を生み出すと、株主は保有株数に応じて利益の配当を受け取ることが可能になります。また、毎年配当を行っている会社の株式であれば「購入したい」と思う投資家も増えるため、株価も上昇し売却によって利益を得ることも可能になります。

　ただし、株式の発行会社が倒産すれば、株式は無価値となってしまい、株の代金も戻ってきません。こうした意味では、株式投資はハイリスク・ハイリターンという特性があります。

　これに対して、債券とは一種の「借用証書」であり、**国や地方公共団体が投資家から資金の借入を行うために発行**するものを国債・地方債といいます。これらは総称して公債と呼ばれることもあります。また、**株式会社が投資家から資金を借入れるために発行**するものを社債と呼びます。

　公債・社債はいずれもお金を借りるために発行するので、これを取得した投資家は発行元から毎年利息を受け取れるとともに、満期日（返済日）には額面金額で返済を受けることができます。そのため、**債券投資の主たる目的は利息収入の確保にある**といえます。

◎ 株式と社債（債券）の発行

● 株式の発行

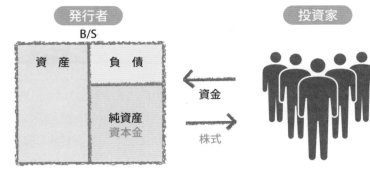

発行者

B/S

| 資 産 | 負 債 |
| | 純資産
資本金 |

← 資金

→ 株式

投資家

● 社債（債券）の発行

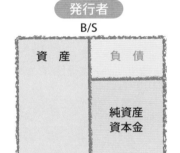

発行者

B/S

| 資 産 | 負 債 |
| | 純資産
資本金 |

← 資金

→ 社債

投資家

投資家から資金を借入れるために発行するのが社債です！

ワンポイント

投資家と発行者、どちらから捉えるべき？

株式と債券の基本的な性格の違いは、それらを取得する「投資家」としての立場から見るよりも、これらを発行する「発行者」の立場から捉えたほうが理解しやすいでしょう。しかし、この章では、あくまでも上記の「投資家」の立場から株式や債券を購入した際の処理を学習していきます。

1 財務諸表

2 純資産

3 現金・預金と債権債務など

4 有価証券

5 商品売買

6 固定資産

02 有価証券の 保有目的別分類など

株式や債券は、種類の違いではなく
取得目的に着目する必要があります

　企業が株式や債券を取得した場合は、その取得目的（保有目的）に応じて記録する勘定科目を使い分けます。

　株式や債券という「種類の違い」に着目するのではなく、あくまでも**個々の企業の取得目的に着目**して処理を進めます。

　現在のルールでは、右ページ上図に示すように「売買目的有価証券」「満期保有目的債券」「関係会社株式（子会社株式・関連会社株式）」「その他有価証券」という4つの保有目的のうち、どれに該当するかを問題文から判断し、適切な勘定科目を選択します。

　なお、有価証券の購入時には、取得原価をもって各勘定科目で記録します。

取得原価 ＝ 購入代価（有価証券自体の価額）＋ 売買手数料など

取得意図は2つに分類できる

　詳細は以後の節で説明しますが、有価証券の取得意図はおおむね2つに分類できます。**余剰資金の運用**を意図するのが「売買目的有価証券」や「満期保有目的債券」、営業で使用する「建物」や「自動車」を購入するのと同じように、**事業に役立たせる目的で取得**するのが「関係会社株式」です。そして「その他有価証券」はいずれの性格も満たしうるものというイメージです。

分類は決算整理にも影響する

　これらの分類は、期末において有価証券を保有する際に行うべき決算整理にも大きく影響します（右ページ下図）。

　つまり、**保有目的によって決算整理が変わる**ということです。しっかり理解しておきましょう。

◎保有目的の分類

保有目的 (勘定科目)	内　容	該当するもの
売買目的有価証券	市場価格の変動を利用し、短期的に転売することによる利益獲得（いわゆるトレーディング取引）を目的に保有する有価証券	株式・債券
満期保有目的債券	転売を意図せず、満期まで保有することで、発行者から利息収入を得る目的で保有する債券	債券のみ
関係会社株式 （子会社株式・関連会社株式）	自社にとっての子会社が発行する株式（子会社株式）及び関連会社が発行する株式（関連会社株式）	株式のみ
その他有価証券	上記以外	株式・債券

◎取得意図による分類

余剰資金の運用 （稼いだ金を有利に運用!）	売買目的有価証券	満期保有目的債券
	その他有価証券	
事業資金の運用 （商売に役立たせよう!）	関係会社株式	

◎保有目的別の有価証券に関する貸借対照表計上額等

保有目的	貸借対照表に記載される金額	表示区分等
売買目的有価証券	時　価	流動資産に「有価証券」
満期保有目的債券	取得原価 または 償却原価	1年基準により 流動資産に「有価証券」 または 固定資産に「投資有価証券」
関係会社株式	取得原価	固定資産に「関係会社株式」
その他有価証券	時　価	固定資産に「投資有価証券」

※貸借対照表に記載する際には「表示科目」に変更される。

03 売買目的有価証券・その他有価証券の処理

短期的に転売する意図があるかどうかで
有価証券の処理の仕方は変わってきます

　短期的（通常は1年以内）に売却することで、利益を獲得するために保有する有価証券は「売買目的有価証券」で処理します。

　また、日常的には配当金の受け取りを目的とするものの、長期的に株価が上昇した時点で転売するかもしれない株式や、転売するか満期まで保有するかを決めていない債券、そして、親密な他企業との信頼関係を作り上げる目的などで保有する、いわゆる持ち合い株式（短期的に転売することは取引関係などから難しいでしょうが、中長期的にはそれらの制約も解消されて売却されうる株式）などは「その他有価証券」で処理します。

　簡単にいうと、両者の相違は**短期的に転売する意図があるかないか**に過ぎません。

売却される可能性がある有価証券は「時価」を明らかに

　将来的に売却される可能性がある有価証券は、期末において売却可能な価額である時価を明らかにすることが有用であるため、帳簿価額を時価に修正し、時価を貸借対照表に記載します。この処理を「時価評価」、または「評価替え」といいます。

　売買目的有価証券は、期末に生じた値下がり分（含み損）を「有価証券評価損」（費用）で処理します。また、期末に生じた値上がり分（含み益）は「有価証券評価益」（収益）で処理します。いずれに関しても、短期的な投資活動の成果であるため、損益計算書に当期の費用・収益として開示します。

　その他有価証券は、期末に生じた値下がり分（含み損）や値上がり分（含み益）をいずれも「その他有価証券評価差額金」（純資産）で処理します。その他有価証券は中長期的投資であるため、**当期の投資成果とは考えない**ということです。

◎ 有価証券の取得に関する具体例

当社は、山梨株式会社の株式 10 株を 1 株あたり 600 円で購入し、手数料 200 円とともに約束手形を振出して支払った。
【パターン1】株式の取得目的が「短期転売」である場合
【パターン2】株式の取得目的が「長期保有」である場合

【パターン1】の場合

借方科目	金 額	貸方科目	金 額
売買目的有価証券	6,200	営業外支払手形	6,200

【パターン2】の場合

借方科目	金 額	貸方科目	金 額
その他有価証券	6,200	営業外支払手形	6,200

◎ 売買目的有価証券の決算整理

当社が保有する平塚株式会社の株式（売買目的に該当）の帳簿価額は 1,600 円であるため、期末において時価に評価替えする。
【パターン1】期末の時価が 1,500 円である場合
【パターン2】期末の時価が 1,700 円である場合

【パターン1】の場合

借方科目	金 額	貸方科目	金 額
有価証券評価損	100	売買目的有価証券	100

【パターン2】の場合

借方科目	金 額	貸方科目	金 額
売買目的有価証券	100	有価証券評価益	100

◎ その他有価証券の決算整理

当社が保有する江ノ島株式会社の株式（その他有価証券に該当）の帳簿価額は 1,600 円であるため、期末において時価に評価替えする。
【パターン1】期末の時価が 1,500 円である場合
【パターン2】期末の時価が 1,700 円である場合

【パターン1】の場合

借方科目	金 額	貸方科目	金 額
その他有価証券評価差額金	100	その他有価証券	100

【パターン2】の場合

借方科目	金 額	貸方科目	金 額
その他有価証券	100	その他有価証券評価差額金	100

1 財務諸表

2 純資産

3 現金・預金と債権債務など

4 有価証券

5 商品売買

6 固定資産

取得原価等の計算や債券利息、償却原価法の
計算方法をしっかりと覚えましょう

　転売を意図せず、最終的に債券の発行者から償還（返済のこと）を受ける目的で取得した債券（国債・地方債・社債）は、満期保有目的債券として処理します。

　債券を購入したときは、次のように取得原価等の計算をします。

$$\text{取得原価など} = \text{額面金額} \times \frac{\text{1 口あたりの売買価額}}{@100\text{円}} + \text{手数料等}$$

　債券の利息は利払日において利札を通じて発行者から受け取ることになります。債券の利息は以下のように計算します。

$$\text{債券の利息（1 年分）} = \text{額面金額} \times \text{年利子率}$$

　このような前提が存在するため、利払日以外の日に他の投資家から債券を取得した際には、債券本体の代金とは別に売買直前の利払日の翌日～売買日までの利息を支払う必要があります。これを端数利息の調整といいます。

　満期保有目的債券は売却を想定していないため、売買目的有価証券などのように期末に時価を把握する必要がないので「時価評価」は行いません。

　ただし、債券は最終的に額面金額で償還（返済）を受けることができるため、額面金額と異なる金額で取得した場合には、取得後満期まで保有することにより、額面金額まで価値が増加すると考えて、決算においてその価値を示す処理を行います。これを、償却原価法といいます。

● 償却原価法による償却額の計算方法

$$\text{当期の償却額} = （\text{額面金額} - \text{取得価額}）\times \frac{\text{当期に属する月数}}{\text{取得日～満期日迄の保有月数}}$$

1 財務諸表

2 純資産

3 現金・預金と債権債務など

4 有価証券

5 商品売買

6 固定資産

◎ 満期保有目的債券に関する具体例

> ① 4 月 15 日、満期保有の目的で山北産業発行の社債（額面金額 10,000 円、年利率 7.3%、利払日は 3 月末及び 9 月末、満期まで 40 ヶ月）を横浜商店から額面 100 円につき 96 円で購入し、代金は端数利息（日割で計算）とともに現金で支払った。
> ② 9 月 30 日、山北産業の社債につき、利払日を迎えた（月割で計算）。
> ③ 12 月 31 日、決算につき満期保有目的債券に償却原価法の適用を行う。なお、その他の処理は考慮しなくてもよい。

① 4 月 15 日：満期保有目的債券の取得時

問題資料に基づき、満期保有目的債券の取得原価及び横浜商店に支払う端数利息の計算を行う。なお、支払った端数利息は「有価証券利息」（収益）で処理するので注意しよう。

取得原価：額面金額 10,000×1 口の購入価額 96 円 /100 円＝9,600 円

端数利息：額面金額 10,000× 年利 7.3%×15 日（4/1 ～ 4/15）/365 日＝30

借方科目	金　額	貸方科目	金　額
満期保有目的債券	9,600	現　　金	9,630
有価証券利息	30		

② 9 月 30 日：利払日

この社債は年 2 回の利払日が設定されているため、利札と交換に半年分の利息を受け取る。

利息受取額：額面金額 10,000× 年利 7.3%×6 ヶ月 /12 ヶ月＝365

借方科目	金　額	貸方科目	金　額
現　　金	365	有価証券利息	365

③ 決算時

問題指示に基づき、償却原価法の適用を行う。なお、本問では指示により解答していないが、本来、決算日と利払日が異なるため、決算直前の利払日の翌日から決算日までの期間に応じた利息を見越計上することも必要となる。

償却額：(額面金額 10,000－取得原価 9,600)× 当期に属する月数 9 ヶ月 / 保有月数 40 ヶ月 ＝90

借方科目	金　額	貸方科目	金　額
満期保有目的債券	90	有価証券利息	90

関係会社株式

子会社株式と関連会社株式は
どう違うのか、確認しましょう

　他の会社の経営を支配する目的で取得した株式は、子会社株式で仕訳します。

　一般的には、他企業の**発行済株式総数の50％超を保有した時点で支配権を獲得**することができます。

　第1章で説明したとおり、株式会社の最高意思決定機関は株主総会なので、50％超の株式を保有すると株主総会での議決権を過半数保有することになります。そのため、受験上、50％超の株式を取得したことが確認できたら「子会社株式」に該当すると判断してください。

　また、他の会社に影響力を行使する目的で保有する株式は、関連会社株式で仕訳します。

「影響力」とは、「支配」までは行かないものの、ある程度言うことを聞かせられる状況を意味し、具体的には、他企業の**発行済株式の20％以上50％以下を取得した時点で「関連会社株式」に該当**するものと判断します。

子会社株式・関連会社株式は売却を想定していない

「子会社株式」と「関連会社株式」は、他企業を支配等することにより自社の営業活動に役立たせるために保有するもので、売却などは想定されていません。

　言うなれば、配達で使用する「営業車」や、店舗として使用する「建物」を取得するのと同じ目的であるということです。

　そのため、転売を意図しない「子会社株式」「関連会社株式」は、売買目的有価証券やその他有価証券と異なり**期末における「時価評価」を行いません。**

　貸借対照表上は**両者を一括して「関係会社株式」として表示**します。

◎ 子会社株式の取得に関する具体例

当社は、横浜株式会社の株式 700 株を 1 株あたり 600 円で購入し、手数料 8,000 円とともに現金で支払った。なお、横浜株式会社の発行済株式総数は1,000株である。

借方科目	金　額	貸方科目	金　額
子会社株式	428,000	現　金	428,000

※取得株数 700 株 ÷ 発行済株式総数 1,000 株 = 0.7（70%）

保有比率が 70%となるため「子会社株式」に該当すると判断する

◎ 関連会社株式の取得に関する具体例

当社は、大磯株式会社の株式 300 株を 1 株あたり 600 円で購入し、手数料 3,000 円とともに現金で支払った。なお、大磯株式会社の発行済株式総数は1,000株である。

借方科目	金　額	貸方科目	金　額
関連会社株式	183,000	現　金	183,000

※取得株数 300 株 ÷ 発行済株式総数 1,000 株 = 0.3（30%）

保有比率が 30%となるため「関連会社株式」に該当すると判断する

◎ 子会社株式等の決算整理

当社は、横浜株式会社の株式（帳簿価額 428,000 円）を子会社株式として保有しているが、期末における時価は 430,000 円である。

【決算整理】

借方科目	金　額	貸方科目	金　額
仕訳なし			

転売を意図しない子会社株式、関連会社株式は時価評価を行わない

1 財務諸表
2 純資産
3 現金・預金と債権債務など
4 有価証券
5 商品売買
6 固定資産

「株主優待」って？

　第4章では、株式や債券に投資した際の処理について学習しました。少なくとも私のような庶民にとっては、株式だろうが債券だろうが、多額の資金を投下することは難しいので、購入に際する一つの判断基準となるのが「株主優待制度」などの充実度です。

　現在、日本では、上場企業の約4割が株主優待制度を実施しているそうですが、これは2019年をピークに減少に転じ、現在では株主優待制度の新設企業数を廃止企業数が上まわっているようです。

　株主優待制度は機関投資家や外国人投資家にとってメリットが少ないことがその理由のようですが、個人的には大きな魅力なので、しっかり残してほしいと思います。

　ちなみに、昔からある株主優待制度の中で、私が憧れて久しい制度の一つに、鉄道会社の「株主優待乗車証」があります。大手私鉄などでは、保有株数に応じて切符式の「全線乗車証」と定期券式の「全線乗車証」がもらえるのですが、定期券式はかなり大量の株式を持つ人しかもらえません。私はPASMOなどにもできる定期券式の全線乗車証を持ってやろうと株式を買い増してきたものの、未だそこまでには至っていません。

　先日、通勤で利用している電車に乗って移動していたとき、目の前の席に座った若い女性の定期券がこの全線乗車証でした。恐らく20代前半だと思われるこの女性はいったい何者なのだろう……。

　あまりガン見するのも問題アリですが、目が離せなくなってしまいました。皆さんはどういった株主優待に興味がありますか？　いろいろ調べてみるのも楽しいですよ。

第 **5** 章

商品売買

01 商品売買の記帳方法

この章では、企業が行うさまざまな活動の中でも、メインの活動といえる「商品売買」活動に関する記録の仕方などを学習します。

一口に「商品売買活動」といっても、これほど企業によって違いが生じるものもありません。私たちが日々の生活で利用するスーパーマーケットやドラッグストアなどは一般的には「薄利多売型」の企業でしょうし、不動産や高級宝飾品などを扱う会社は一般的に「厚利少売型」といえるでしょう。このように、企業ごとに商品売買活動の多様性が存在するため、簿記の世界ではいくつかの記録方法を用意しておき、各企業の判断で自社に最も適すると思われる方式を採用して記録することになっています。

日商簿記検定2級の試験でもメインの学習論点は三分法です。**特段指示がない場合、商品売買は三分法を前提に解答**してください。この章では、3級では扱わなかった三分法の追加論点や売上原価対立法などを学習します。

割戻と割引

簿記2級の試験では、3級で学習した「返品」以外に「割戻」と「割引」の処理が追加されます。割戻とは、**一定期間内に多額(多量)の商品売買が行われたことを理由に、事後的に代金の一部を減額(おまけ)する行為**です。三分法の場合、仕入れた商品に割戻(仕入割戻)が生じた際には返品時と同様に商品仕入時の逆仕訳で対応します。売上げた商品の割戻(売上割戻)は特殊な処理となるため後述します。

割引は、**掛代金の早期決済を理由に代金の一部を減額(おまけ)する行為**です。割引は商品売買がなされた後の代金決済に際して行われるものであるため、売上や仕入を修正せず、おまけ部分を売上割引(営業外費用)や仕入割引(営業外収益)で処理します。

商品売買の記帳方式と簿記2級における「三分法」の決算整理手順

簿記3級で学習済み	2級の追加論点	1級以上
三分法	**売上原価対立法**	**その他**

2級における三分法の決算整理の手順

Step 1 期末商品帳簿棚卸高を用いて売上原価の計算を行う。

Step 2 期末商品に関する数量の減少を「棚卸減耗損」（費用）で処理。

Step 3 期末商品に生じる価値の下落を「商品評価損」（費用）で処理。

仕入割戻に関する具体例

かつて掛にて仕入れていた商品6,000円につき、2%の割戻を行う。

買主の処理

借方科目	金　額	貸方科目	金　額
買　掛　金	120	仕　　入	120

割引に関する具体例

掛代金6,000円の決済につき、2%の割引を行うとともに残額は現金で精算する。

【パターン1】売主の処理

借方科目	金　額	貸方科目	金　額
現　　金	5,880	売　掛　金	6,000
売上割引	120		

【パターン2】買主の処理

借方科目	金　額	貸方科目	金　額
買　掛　金	6,000	現　　金	5,880
		仕入割引	120

1 財務諸表
2 純資産
3 現金・預金と債権債務など
4 有価証券
5 商品売買
6 固定資産

日商簿記検定2級の試験においても、基本的には三分法に基づいて商品売買の記帳を行いますが、**三分法に関して必要な決算整理が新たに2点追加**されます。

　期末商品帳簿棚卸高とは、期末において「売れ残っているべき商品の金額」を意味します。

　詳細は後述しますが、具体的には以下の要領で計算します。

> **期末商品帳簿棚卸高 ＝ 帳簿棚卸数量 × @原価**

これを用いて、3級同様に下記要領で売上原価の計算を行います。

> **期首商品棚卸高 ＋ 当期商品仕入高 － 期末商品帳簿棚卸高 ＝ 売上原価**

　次に、棚卸減耗損（げんもう）の処理を行います。棚卸減耗損とは、商品の保管中に生じた数量の減少を処理する勘定です。商品有高帳で把握される、残っているべき在庫数量を帳簿棚卸数量といいます。また、期末などに実地棚卸を行い把握された実際の在庫量を実地棚卸数量といいます。両者を比較することで、保管中に紛失した商品の数が明らかとなるため、これを棚卸減耗損（費用）で処理します。

> **（帳簿棚卸数量 － 実地棚卸数量）× @原価 ＝ 棚卸減耗損**

　最後は商品評価損の計上です。期末商品に生じる価値の下落を処理するもので、商品の原価（買った金額）よりも期末の相場（正味売却価額といいます）が下がっている場合には、当該価値下落分を商品評価損で処理します。

> **（@原価－@正味売却価額）× 実地棚卸数量 ＝ 商品評価損**

三分法に関する決算整理の具体例

当社の期首商品棚卸高は 2,000 円（繰越商品で記帳済み）、当期商品仕入高は 7,440 円（仕入勘定で記帳済み）であり、期末商品に関する資料が以下のとおり判明したため、必要な決算整理を行う。なお、売上原価の計算は仕入勘定で行うこと。
- 期末商品帳簿棚卸数量：20 個　原価@128 円
- 期末商品実地棚卸数量：17 個　正味売却価額@123 円

3つの **Step** に沿って計算しましょう！

Step 1　期末商品帳簿棚卸高を用いての売上原価計算

① 帳簿棚卸高の計算：帳簿棚卸数量20個×原価@128円＝2,560円
② 仕訳

借方科目	金　額	貸方科目	金　額
仕　入	2,000	繰越商品	2,000
繰越商品	2,560	仕　入	2,560

Step 2　棚卸減耗損の処理

① 棚卸減耗損の計算：（帳簿数量20個－実地数量17個）×原価@128円＝384円
② 仕訳

借方科目	金　額	貸方科目	金　額
棚卸減耗損	384	繰越商品	384

Step 3　商品評価損の処理

① 商品評価損の計算：（原価@128円－正味売却価額@123円）×実地数量17個
　　　　　　　　　　＝85円
② 仕訳

借方科目	金　額	貸方科目	金　額
商品評価損	85	繰越商品	85

一連の処理の結果、「繰越商品」は期末実地棚卸高を示すので、これを貸借対照表に記載する。

本問において貸借対照表に記載される商品の金額
実地棚卸数量 17 個 × 正味売却価額@123 円＝2,091 円

03 売上原価対立法

試験では、指示がある場合は三分法ではなく
売上原価対立法を用いて解答します

日商簿記検定2級の試験では、三分法以外の記帳方法として売上原価対立法が追加されます。**受験では指示のある場合にこれを用いて解答**します。

売上原価対立法に関する仕訳の流れは以下のとおりです。

①商品仕入時

借方科目	金　額	貸方科目	金　額
商　　品	××× －原価－	買掛金など	××× －原価－

商品を仕入れたときには、商品（資産）の増加で処理をします。

②商品売上時

借方科目	金　額	貸方科目	金　額
売掛金など	××× －売価－	売　　上	××× －売価－
売上原価	××× －原価－	商　　品	××× －原価－

商品売上時には、三分法と同様に売上を計上するとともに、売れた商品の原価を売上原価（費用）で記録し、同額だけ商品（資産）を減少させます。

③決算時

借方科目	金額	貸方科目	金額
仕訳なし			

商品を販売するつど「売上原価」勘定で売上原価を記録するため、三分法のように決算整理をして売上原価を算定する必要がありません。

1 財務諸表
2 純資産
3 現金・預金と債権債務など
4 有価証券
5 商品売買
6 固定資産

◎ 売上原価対立法に関する具体例

当社における下記の一連の取引に関して必要な仕訳を示しなさい。な
お、当社は商品売買の記帳を売上原価対立法により処理している。
① 9月20日、@40円の商品70個を掛で仕入れた。
② 9月25日、9月20日に仕入れた商品のうち50個を@60円で販売し、
代金は掛とした。
③ 12月31日、決算につき必要な決算整理を行う。なお、期末にお
ける商品の実地棚卸数量は20個であり、正味売却価額は@42円
である。また、棚卸減耗は生じていない。

> 売上原価を特定するため
> の決算整理は不要です！

① 商品仕入時
仕入数量70個×@40円＝2,800円

借方科目	金　額	貸方科目	金　額
商　　品	2,800	買　掛　金	2,800

② 商品売上時
売上高：販売数量50個 × 売価@60円＝3,000円
売上原価：販売数量50個 × 原価@40円＝2,000円

借方科目	金　額	貸方科目	金　額
売　掛　金	3,000	売　　上	3,000
売上原価	2,000	商　　品	2,000

③ 決算時

借方科目	金　額	貸方科目	金　額
仕訳なし			

ワンポイント

売上原価対立法に決算整理は不要

売上原価対立法の場合、すでに売上原価などの把握は完了しているため、これに関す
る決算整理は不要です。ただし、棚卸減耗などが生じていればこれ
に係る修正は必要となるのですが、本問は棚卸減耗が生じていない
旨の指示があり、期末の正味売却価額も原価より高くなっています。
期末商品は、価値が下がったときに「商品評価損」の計上を行うだ
けで、価値が増加した際には処理しませんのでご注意ください。

04 役務収益・役務原価

無形の「サービス」はどのように
処理するのかを学習していきましょう

　日商簿記検定2級の試験では、商品という現物の売買を行う商品売買業のみならず、運送業や人材派遣などのいわゆるサービス業における処理が要求される場合もあります。

　サービス業では、商品売買業における売上（収益）に代えて、役務収益（収益）を計上します。また、売上原価に代えて、役務原価（費用）の計上を行います。

　サービス業でのメインの学習論点は「**いつの時点でいかなる金額を役務収益・役務原価として計上するか**」です。

● **サービス提供前にかかった支出**

　運送業で、トラックに給油した代金など、サービス提供のために直接必要となる金額を、サービス提供前に払った場合には**仕掛品（資産）で処理**しておきます。

借方科目	金　額	貸方科目	金　額
仕 掛 品	×××	現金など	×××

● **サービス提供時または決算時**

　サービス提供が終わった際（または決算時）に、サービス提供が終わった分だけ**役務収益（収益）を計上**するとともに、提供したサービスのためにかかった金額を**役務原価（費用）で処理**します。

借方科目	金　額	貸方科目	金　額
前受金など	×××	役務収益	×××
役 務 原 価	×××	仕 掛 品	×××

1 財務諸表
2 純資産
3 現金・預金と債権債務など
4 有価証券
5 商品売買
6 固定資産

◎ サービス業に関する具体例

運送業を営む当社における下記の一連の取引に関して、必要な仕訳を示しなさい。
① 9月15日、石川商店の商品を運送する契約を結び、運送代金の全額 15,000円を現金で受け取った。
② 10月1日、石川商店の商品を運送するため、トラックの燃料 7,000円分を購入し、代金は現金で支払った。
③ 12月31日、決算につき必要な決算整理を行う。なお、石川商店との契約は、当期末までに 60%が完了している。

売上に代えて役務収益、売上原価に代えて役務原価を計上します！

① 9月15日：運送契約の締結と代金の受け取り時

この時点では運送契約の締結をしただけであり、まだ運送サービスの提供はしていない。そのため、受け取った運送代金は「前受金」で処理する。

借方科目	金　額	貸方科目	金　額
現　金	15,000	前 受 金	15,000

② 10月1日：運送に必要な燃料購入時

サービス提供に直接必要な支出を行った際には、「仕掛品」（資産）で処理する。

借方科目	金　額	貸方科目	金　額
仕 掛 品	7,000	現　金	7,000

③ 決算時

期末までに6割のサービス提供が完了したため、これに対応する「役務収益」及び「役務原価」の計上を行う。

借方科目	金　額	貸方科目	金　額
前 受 金	9,000	役務収益	9,000
役務原価	4,200	仕 掛 品	4,200

役務収益の計上：契約代金 15,000円 ×60%＝9,000円
役務原価の計上：仕掛品 7,000円 ×60%＝4,200円

収益認識基準による売上計上

2級で新たに導入された「収益認識基準」では
5つのステップに沿った計上作業が求められます

　これまでは、単に「商品を売上げた」などの問題指示に基づいて指定された金額で売上を計上する処理をしてきました。今後も同様の問題文であれば、従来どおり解答を進めれば問題ありません。

　ただし、新たに2級の範囲に導入された「収益認識基準」では、売上の計上作業を以下の5つのステップを経て厳格に行うよう求めています。

Step 1　顧客との契約の識別
　　　　⇒問題で示された「取引」のことだと思えばよい

Step 2　履行義務の識別
　　　　⇒取引から生じる、当社が果たすべき義務の把握
　　　　　（注文された商品を引き渡す義務など）

Step 3　取引価額の算定
　　　　⇒問題で示された売買価額など

Step 4　履行義務への取引価額の配分

Step 5　履行義務の充足時に収益を認識
　　　　（義務を果たしたときに果たした分だけ売上を計上）

　実際には、上記各ステップのそれぞれで論点があるため、学習簿記上も難易度が高いものではあるのですが、**2級の学習では、特に Step 5 を意識して学習すればよい**でしょう。

　上記5つの Step については、2級の時点では完全暗記や詳細理解までは必要ありません。簡単に確認する程度でよいでしょう！

収益認識の具体例① ～最も基本的なパターン

以下の取引につき、×1年度の収益計上額を答えなさい。
当社（決算年1回：3月31日）は、×1年4月1日に得意先へA商品を4,000円で販売する契約を締結し、同日に当該商品を引き渡すとともに代金は掛とした。

● 本問の取引関係等

収益計上額： 4,000円

● ×1年 4/1：商品引き渡し時 ⇒ 履行義務の充足！

　この事例の場合、当社が負うこととなる履行義務は受注したA商品の引き渡しのみとなるため、当該商品引き渡し時に履行義務が充足した（義務を果たした）ものと考えて、一括して売上計上すれば事は足りることになります。
　したがって、今まで同様の単なる商品販売取引の問題が出題された場合には、商品引き渡し時に一括して売上げを計上すればよいことになります。

　　　　　　×1年度の収益計上額： 4,000円

 ワンポイント

基本的な商品販売取引はいつもどおり対処！

基本的な商品販売取引では、「要望された商品を確実に売り渡す」という当たり前の行為が唯一生じる履行義務と考えれば充分だと思います。よって、これまでの売上取引と同じように対処すれば問題ありません。

1 財務諸表
2 純資産
3 現金・預金と債権債務など
4 有価証券
5 商品売買
6 固定資産

◉収益認識の具体例② ～2つの履行義務が生じる場合

以下の資料に基づき、×1年度の収益計上額を答えなさい。
当社（決算年1回：3月31日）は、×1年4月1日に得意先へA商品の販売
と当該商品に係る4年間のメンテナンス・サービスを提供する1つの契約を締結し、
同時にA商品の引き渡しを行い代金は掛とした。なお、契約書に記載された取
引価額は 200,000 円であり、商品 A の独立販売価額（単体での売価）は
176,000 円、メンテナンス・サービスの独立販売価額は 44,000 円であり、メン
テナンス・サービスの対価は契約で定めた全期間のメンテナンス・サービス終了
後に受け取ることになっている。

×1年度の収益計上額：　　　　170,000 円

● 本問の取引関係等

代金を受け取る権利

当　社　　　　　　　　　　　　　　　　　　得意先

・商品を売り渡す義務
・メンテ・サービスの提供義務

当社の「履行義務」

● ×1年4月1日：契約時

本問の場合、上述のように1つの契約から2つの履行義務が生じることとなるため、契
約で定めた取引価額（200,000 円）を、独立販売価額（単体での販売価額）の比によって
各履行義務に配分します。

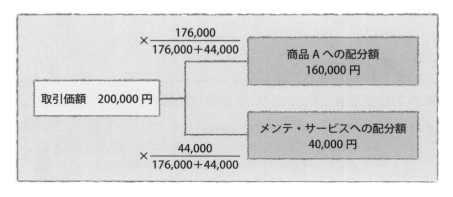

1 財務諸表

2 純資産

3 現金・預金と債権債務など

4 有価証券

5 商品売買

6 固定資産

● ×1年4月1日：**商品Aの引き渡し時** ⇒ 履行義務の充足!

　商品Aの引き渡しをもって、当社が得意先に対して商品Aを引き渡すという「履行義務」が充足するため、これに対応する売上収益160,000円を認識します。

● ×2年3月31日：**決算日** ⇒ メンテナンス・サービス提供の履行義務充足分に係る収益計上!

　当社が負っているメンテナンス・サービスの提供は、契約した4年間の時の経過により徐々に履行義務が充足するものと考えられます。よって、このうち×1年度にメンテナンス・サービスを提供した期間分はこの期の収益として扱うことになるため、期末において収益計上を行います。

【×1年度に履行義務が充足した額】

$$\text{配分された取引価額 }40,000\text{ 円} \times \frac{\text{当期に経過した1年間}}{\text{契約期間4年間}} = 10,000\text{ 円}$$

以上の内容から、当期の収益計上額は以下のとおりとなります。

160,000円 ＋ 10,000円 ＝ ×1年度の収益 170,000円

この問題では、「商品を売り渡す義務」と「メンテ・サービスの提供義務」という2つの履行義務が生じていると判断できますよね。このように、複数の履行義務が生じるときには明らかに判断できるよう指示が入るはずです。なお、仕訳が求められたときには使用する勘定科目にも指示が入るはずです!

06 売上割戻（変動対価）の処理

売上割戻のように将来受け取れる金額が変動する
可能性のある部分を「変動対価」といいます

　前述したとおり、2級では返品以外に「割戻」と「割引」の処理が新たに追加されることになります。このうち「割戻」については、会計処理を行ううえで注意が必要です。

　仕入れた商品に関する割戻は、単に仕入時の逆仕訳で対応するのでさほど問題にはなりません。しかしながら、**売上げた商品に割戻を行う場合にはそうはいかなくなります**。

売上割戻の処理

「収益認識基準」では、売上割戻のように、契約金額のうち将来受け取れる金額が変動する可能性のある部分を「変動対価」といい、特別な処理を要求しています。

　売上割戻は仕入割戻と同様、「一定期間内における多額（または多量）の売買」を理由に事後的に代金の一部を減額する行為であり、一般的には「リベート」などと表現されるものになります。

　よって「収益認識基準」では、**将来的に売上割戻による減額が合理的に見込まれる場合、当該減額分は初めから売上にならないと考え、これを控除した額だけ売上収益の計上を行います**。

　また、**将来、売上割戻の実施が見込まれる金額は、その分だけ買主にお金を返す義務があるものと考えて**「返金負債」（負債）**で処理**をします。

　同じ「割戻」の処理でも、仕入れた商品に行われる「仕入割戻」と、売上げた商品に行う「売上割戻」では処理がまったく異なることになるため、明確に分離して対応することが必要となります。

◎ 売上割戻の具体例①

以下の資料に基づいて、①10月1日、②10月31日及び③11月30日に必要な仕訳を答えなさい。

> ① 当社は10月1日に得意先東京商店へ商品A 400個を@600円で販売し、代金は掛とした。なお、東京商店とは1か月間に商品Aを500個以上購入した場合にはその月の販売価額の10%を翌月末（10月販売分は11月末日）にリベートとして支払う契約となっており、10月は当該リベートの条件が達成される可能性が高いと見込まれている。
> ② 10月31日、東京商店へ商品A 250個を@600円で販売し、代金は掛とした。なお、今回の取引で前述のリベート条件が達成された。
> ③ 11月30日、10月分のリベートを現金で支払った。

● 10月1日：商品販売時

販売額のうち、翌月にリベートの支払が見込まれる金額を「返金負債」で計上し、残りの90%のみを売上計上します。

借方科目	金　額	貸方科目	金　額
売　掛　金	240,000	売　　上	216,000
		返金負債	24,000

● 10月31日：商品販売時

借方科目	金　額	貸方科目	金　額
売　掛　金	150,000	売　　上	135,000
		返金負債	15,000

ワンポイント

売上割戻の問題では事前契約の内容が明示される

リベートの支払いが事前契約によって定められている場合、将来その発生が見込まれる金額だけ「返金負債」の計上が必要となります。問題上、将来のリベート発生見込額の算定要領は必ず指示されることになりますから、これに基づいて正しく「返金負債」及び「売上」を計上できるよう練習しておきましょう。

1 財務諸表
2 純資産
3 現金・預金と債権債務など
4 有価証券
5 商品売買
6 固定資産

● 10月31日：リベート支払の確定時

リベートの支払確定時に、対象金額を「未払金」に振替えます。

借方科目	金　額	貸方科目	金　額
返金負債	39,000	未 払 金	39,000

● 11月30日：リベート代金の支払い時

借方科目	金　額	貸方科目	金　額
未 払 金	39,000	現　　金	39,000

リベートについては、その支払いが見込まれる時点では「返金負債」（負債）で計上し、支払いが確定した時点で「未払金」（負債）で記録し直します。見積もりと確定という状況の変化を科目の変更で示すイメージです！

第 6 章

固定資産

01 有形固定資産の定義と取得原価

固定資産のうち、出題が多いのは
「有形固定資産」と「無形固定資産」です

　貸借対照表上、企業が保有する資産は流動資産、固定資産、繰延資産（簿記1級以上の論点）の3つに分類され、さらに固定資産は有形固定資産、無形固定資産、投資その他の資産に細分化されます。

　この章では、**特に出題可能性の高い有形固定資産、無形固定資産**に関する内容を中心に学習します。

有形固定資産の取得原価

　固定資産のうち、長く（長期＝固定）商売に活用する目的で取得する物品（有形＝実体のある物）を有形固定資産といい、建物・備品・車両などが該当します。有形固定資産を取得した際には、簿記3級同様に**取得原価をもって適切な勘定で処理**します。

● 有形固定資産の取得原価（通常の購入の場合）

　　取得原価 ＝ 購入代価（固定資産本体の価額）＋ 付随費用（取得手数料など）

　有形固定資産の中でも建物などに関しては、通常、建設業者に建設を依頼して建築してもらうこととなります。建物などの建設を依頼した際にその代金の一部を前払したときには、建設仮勘定（資産）で処理します。

　また、有形固定資産は高額である場合も多いため、分割払いでこれを取得する場合もあります。代金分割払いで有形固定資産を購入することを「固定資産の割賦購入」といいます。

　割賦購入にした場合、支払期間に応じた利息が上乗せされるため、現金一括払いに比べて支払総額が増加することとなりますが、この割賦代金に含まれる利息は**有形固定資産の取得原価には算入せず、利息として処理する**ことになるので注意が必要です。

有形固定資産の購入に関する具体例① (建物の建設を依頼した場合)

① 建設会社に倉庫用建物の建設を依頼し、請負金額 5,000 円のうち 2,000 円を、小切手を振出して支払った。
② 上記建物が完成し、未払の請負金額 3,000 円を現金で支払った。

① 建設依頼時
現時点では前払した建物代金を建設仮勘定（資産）で処理する。

借方科目	金　額	貸方科目	金　額
建設仮勘定	2,000	当座預金	2,000

② 建設完成時
建物完成時に建物（資産）の増加で処理し、建設仮勘定を消去する。

借方科目	金　額	貸方科目	金　額
建　　物	5,000	建設仮勘定	2,000
		現　　金	3,000

有形固定資産の購入に関する具体例② (割賦購入の場合)

① 営業用の車両 1,800 円を 3 回払いで割賦購入した。なお、この車両の現金正価（一括払いの価額）は 1,500 円である。
② 第 1 回の割賦金を現金で支払った。

① 割賦購入時
固定資産を割賦購入した場合、割賦代金に含まれる利息は取得原価に含めずに、前払費用（資産）で処理する。

借方科目	金　額	貸方科目	金　額
車　　両	1,500	未 払 金	1,800
前払費用	300		

② 割賦金支払時
分割代金を支払うとともに、前払費用を支払回数で割った分だけこの期の費用とするため、支払利息（費用）で処理する。
支払額：割賦代金 1,800 円 ÷ 支払回数 3 回＝600 円
利息配分額：前払費用 300 円 ÷3 回＝100 円

借方科目	金　額	貸方科目	金　額
未 払 金	600	現　　金	600
支払利息	100	前払費用	100

1 財務諸表

2 純資産

3 現金・預金と債権債務など

4 有価証券

5 商品売買

6 固定資産

02 資本的支出と収益的支出

固定資産に故障・陳腐化が起きたときは
支出の種類に合わせた処理が必要になります

有形固定資産は使用する過程で故障などが生じる場合もあるでしょうし、故障はなくても、新製品などと比べて性能が劣るような状況に陥る（これを陳腐化という）こともあり得るでしょう。

保有する固定資産に故障や陳腐化などが生じた場合には、これらに対応するための措置が必要になります。

収益的支出と資本的支出の違い

簿記の世界では、現在稼働中の固定資産に対して上記のような支出を行った場合、その支出の効果（または目的）の違いに着目し、以下のように支出を2つに分類したうえで、それぞれに適した処理を行います。

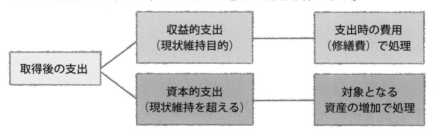

収益的支出とは、対象となる資産の「いま現在の能力」を維持する（現状維持）目的で行われる支出をいい、一般的には修理や修繕と表現されるような行為に係る支出が該当します。

資本的支出とは、対象となる資産の「いま現在の能力」を向上させる（つまり現状維持を超える）目的で行う支出をいい、一般的には改造や改良と表現される行為に係る支出が該当します。資本的支出がなされた資産はその能力が向上することから**資産としての価値が増加するもの**と考えられるため、**資産の増加で処理**します。

◉ 資本的支出と収益的支出の具体例

> 営業所建物の改修を行い、代金 4,000 円を現金で支払った。なお、今回の改修代金のうち、2,500 円が資本的支出に該当するものと判断された。

今回は営業所建物の改修を行っているが、その代金のうち一部が資本的支出に該当するとの指示がある。簿記上は使用している有形固定資産本体に行った支出を「資本的支出」「収益的支出」の 2 つに分類するため、本問に関しては以下のように分類される。

資本的支出と収益的支出に分類して、仕訳をしましょう！

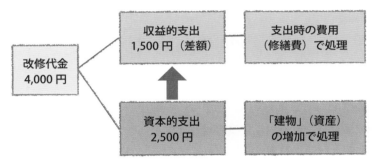

```
改修代金
4,000 円
 ├─ 収益的支出    ── 支出時の費用
 │   1,500 円（差額）   （修繕費）で処理
 │
 └─ 資本的支出    ── 「建物」（資産）
     2,500 円          の増加で処理
```

上記内容に基づき、本問の仕訳を示すと以下のようになる。

借方科目	金　額	貸方科目	金　額
建　　物	2,500	現　　金	4,000
修 繕 費	1,500		

ガソリン代は処理する必要がある？

「資本的支出」や「収益的支出」で処理する対象は、あくまで資産本体に直接効果を生じさせるような支出のみです。自動車のガソリン代などのような「ランニング・コスト」は対象となりません。

1 財務諸表
2 純資産
3 現金・預金と債権債務など
4 有価証券
5 商品売買
6 固定資産

03 圧縮記帳

　国や地方公共団体は、政策目的を実現する観点から、**民間企業に補助金を交付**することがあります。例えば、生産設備の省エネ効率が悪いため、より高性能の設備に買い換えるための補助金などがこれに該当します。補助金受領時には、国庫補助金受贈益（収益）で処理します。

● 補助金等受領時

借方科目	金　額	貸方科目	金　額
現金など	×××	国庫補助金受贈益	×××

　上記の処理の結果、そのままでは問題が生じる場合があります。というのも、**国庫補助金受贈益は最終的に企業の利益に含まれる**ことになるからです。

　株式会社の利益には法人税等が課税されますので、国などからもらった補助金の一部を法人税等として即時納税する必要があります。つまり、補助金をもらっても**実質的にはその一部しか固定資産代金に使用できなくなる**ということです。そこで、国庫補助金のように一時に課税されることが望ましくない項目に適用できるのが圧縮記帳です。これは、課税の繰延を目的に行われる行為です。具体的には、受領した補助金などを財源に有形固定資産を取得した場合、受領した補助金等と同額だけ「固定資産圧縮損」（費用）を計上するとともに、同額だけ対象となる固定資産の取得原価を減額します。

● 圧縮記帳の実施

借方科目	金　額	貸方科目	金　額
固定資産圧縮損	×××	建物など	×××

　上記処理後、対象となる資産の減額後の取得原価に基づき減価償却を行うことで、「課税の繰延」を実現します。

◎ 圧縮記帳に関する具体例

① ×1 年 4 月 1 日：機械を取得するための補助金 3,000 円を現金で受け取り、直ちに対象となる機械 12,000 円を購入し小切手を振出した。
② ×2 年 3 月 31 日：決算につき機械に係る圧縮記帳を行うとともに減価償却を行う。なお、機械の減価償却は残存価額 0、耐用年数 3 年の定額法で行い、間接法で記帳する。

① ×1 年 4 月 1 日：国庫補助金受領時及び機械購入時

借方科目	金　額	貸方科目	金　額
現　　金	3,000	国庫補助金受贈益	3,000
機　　械	12,000	当座預金	12,000

② ×2 年 3 月 31 日：決算時
● 圧縮記帳の実施

借方科目	金　額	貸方科目	金　額
固定資産圧縮損	3,000	機　　械	3,000

● 減価償却費の計上
修正後取得原価 9,000 ÷ 耐用年数 3 年＝3,000 円

借方科目	金　額	貸方科目	金　額
減価償却費	3,000	機械減価償却累計額	3,000

◎ 圧縮記帳の効果

本問を前提に、毎期の収益は 5,000 円で一定とし、法人税等は税引前利益の 30%を計上するものとする。

● 圧縮記帳を行わない場合

	第 1 期	第 2 期	第 3 期	通算税額
収　益	5,000	5,000	5,000	
国庫補助金収入	3,000	—	—	
減価償却費	4,000	4,000	4,000	
税引前利益	4,000	1,000	1,000	
法人税等	1,200	300	300	1,800
当期純利益	2,800	700	700	

● 圧縮記帳を行う場合

	第 1 期	第 2 期	第 3 期	通算税額
収　益	5,000	5,000	5,000	
国庫補助金収入	3,000	—	—	
減価償却費	3,000	3,000	3,000	
圧縮損	3,000	—	—	
税引前利益	2,000	2,000	2,000	
法人税等	600	600	600	1,800
当期純利益	1,400	1,400	1,400	

いずれの場合も通算した納税額は一致する。これが課税の繰延効果である。

1 財務諸表
2 純資産
3 現金・預金と債権債務など
4 有価証券
5 商品売買
6 固定資産

04 減価償却費の計算と記帳

減価償却の計算に関する定率法と生産高比例法、
記帳に関する間接法と直接法を覚えましょう

　有形固定資産は使用する過程で徐々にその価値が下がっていきます。簿記の世界では、当期に価値が下がった分（これを減価という）を減価償却費（費用）で処理し、同額だけ資産の帳簿価額を引き下げる減価償却という手続を決算で行います。

　一口に有形固定資産といっても種類は多く、**価値下落の生じ方もそれぞれ資産ごとに異なる**はずです。そのため、簿記では減価償却費の計算方法にいくつかの方式を用い、各企業が最も自社に適すると思われる計算方法を採用して減価償却費を算定します。日商簿記検定2級の試験では3級で学習した定額法以外に、新たな計算方法として定率法と生産高比例法を学習します。

①定額法の計算

減価償却費 ＝（取得原価 － 残存価額）÷ 耐用年数

②定率法の計算

減価償却費 ＝（取得原価 － 期首減価償却累計額）× 償却率

　定率法における償却率は問題指示により明示されるのが基本ですが、200％定率法と呼ばれる方式の場合には計算が求められる場合もあります（定率法償却率〈200％定率法の場合〉：2÷耐用年数）。

③生産高比例法の計算

$$減価償却費 ＝（取得原価 － 残存価額）× \frac{当期利用量}{総利用可能量}$$

　なお、期中取得などをした資産に上記計算方法を適用する場合、「定額法」と「定率法」は月割計算の対象ですが、**「生産高比例法」は純粋に当期の使**

1 財務諸表

2 純資産

3 現金・預金と債権債務など

4 有価証券

5 商品売買

6 固定資産

◉ 減価償却費の計算方法

当社が保有する車両に関し、以下の資料に基づき前期と当期の減価償却費を計算しなさい。なお、当期は ×2 年 4/1 ～ ×3 年 3/31 である。

【資料】
① 取得原価：40,000 円　② 取得日：×1 年 10 月 1 日
③ 耐用年数：8 年　④ 残存価額：取得原価の 10%
⑤ 耐用年数 8 年の定率法償却率：0.25
⑥ 総走行可能距離は 70,000 km、前期の走行距離は 10,500 km
　当期の走行距離は 17,500 km

［設問 1 ］減価償却費計算を定額法によった場合
［設問 2 ］減価償却費計算を定率法によった場合
［設問 3 ］減価償却費計算を生産高比例法によった場合

	定額法	定率法	生産高比例法
前　　期	2,250 円	5,000 円	5,400 円
当　　期	4,500 円	8,750 円	9,000 円

［設問 1 ］定額法の場合
前期：（40,000－40,000×0.1）÷ 耐用年数 8 年 × 6 ヶ月 / 12 ヶ月＝2,250 円
当期：（40,000－40,000×0.1）÷ 耐用年数 8 年＝4,500 円

［設問 2 ］定率法の場合
前期：40,000×0.25×6 ヶ月 /12 ヶ月＝5,000 円
当期：（40,000－5,000）×0.25＝8,750 円

［設問 3 ］生産高比例法の場合
前期：（40,000－40,000×0.1）× 前期走行距離 10,500 km / 総走行可能距離
　　　70,000 km＝5,400 円
当期：（40,000－40,000×0.1）× 当期走行距離 17,500 km / 総走行可能距離
　　　70,000 km＝9,000 円

生産高比例法に月割計算は不要です。ご注意ください！

用量に基づく計算結果なので「月割計算は不要」となります。

　先ほど確認した各種計算方法を用いて減価償却費の計算が完了したら、次にこれを記録するための仕訳を行います。減価償却費の計上に関する仕訳の方法には、3級でも学習した間接法以外に直接法と呼ばれる方法もあります。

● 間接法の仕訳

借方科目	金　額	貸方科目	金　額
減価償却費	×××	減価償却累計額	×××

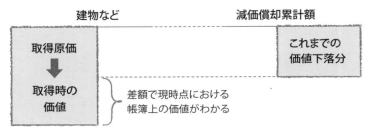

　間接法の場合、**毎年生じた価値下落分を減価償却累計額（資産のマイナス勘定）で記録**していきます。

● 直接法の仕訳

借方科目	金　額	貸方科目	金　額
減価償却費	×××	建物など	×××

　直接法の場合、**毎年生じた価値下落分を資産から直接減額**するため、固定資産の現時点での帳簿上の価値を把握しやすいという利点があります。

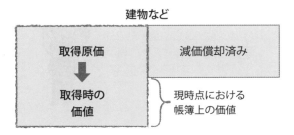

減価償却の計算と仕訳

当社が保有する備品に関し、以下の資料に基づき当期の減価償却費を計算し、必要な決算整理仕訳を答えなさい。なお、当期は ×2 年 4/1 ～ ×3 年 3/31 である。

【資料】
① 取得原価：100,000 円　② 取得日：×2 年 4 月 1 日
③ 耐用年数：8 年　④ 残存価額：取得原価の 10%
⑤ 耐用年数 8 年の定率法償却率：各自算定（200％償却率による）
⑥ この備品の減価償却は 200％定率法による。

［設問 1］間接法によった場合
［設問 2］直接法によった場合

> 間接法は、価格下落分を減価償却累計額で記録します！

Step 1 200％償却率の算定と減価償却費の計算

① 200％償却率の計算

本問の解答上、200％定率法による償却率の計算が求められているため、まずはこれの計算から行う。

2÷耐用年数8＝0.25（25％）

② 減価償却費の計算

当期首に取得した備品が対象であるため、取得原価から控除するべき減価償却累計額は存在しない。

100,000円×償却率0.25＝25,000円

Step 2 決算整理仕訳

［設問1］間接法の場合

借方科目	金　額	貸方科目	金　額
減価償却費	25,000	備品減価償却累計額	25,000

［設問 2］直接法の場合

借方科目	金　額	貸方科目	金　額
減価償却費	25,000	備　　品	25,000

1 財務諸表
2 純資産
3 現金・預金と債権債務など
4 有価証券
5 商品売買
6 固定資産

05 有形固定資産の除却など

使わなくなった有形固定資産の除却は
新たに簿記2級で取り上げられる内容です

　一定期間使用した後、不要となった有形固定資産は売却や廃棄といった処分が行われます。日商簿記検定2級の試験では、**新たに「除却」した際の処理などが求められます**。

　除却とは、「使わなくなった有形固定資産を事業の用から取り除く行為」と定義されます。平たく言えば、「使わない資産は置いておいても邪魔なので、倉庫にしまう」といった意味です。そのため、再稼働を前提とせず、**将来的には廃棄ないし売却されるのが前提**となります。

除却したものは貯蔵品に記録替えを行う

　除却を行った時点でその資産は商売に活用されなくなるため、有形固定資産としての性格を失い、「売却可能な鉄屑」などに変わります。この事実を示すために、除却を行った時点で有形固定資産としての記録を消去し、**処分可能価額をもって貯蔵品（資産）に記録替えを行う必要が生じます**。

　その際に生じる有形固定資産の帳簿価額と貯蔵品勘定で記録する処分可能価額との差額は、固定資産除却損で処理します。

● 除却時の仕訳

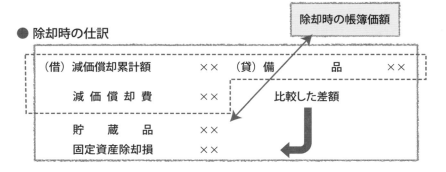

1 財務諸表

2 純資産

3 現金・預金と債権債務など

4 有価証券

5 商品売買

6 固定資産

◎除却の処理

当社が行った下記取引に関する仕訳を答えなさい。

×3 年 9 月 30 日、当社が保有する備品を除却した。この備品は ×1 年 4 月 1 日に取得したものであり、取得原価 1,000 円、償却率 20%の定率法により償却している。なお、当社の決算日は毎年 3 月末日であり、除却した備品の処分可能価額は 500 円と見積もられた。

［設問 1］ 減価償却の記帳が間接法であった場合
［設問 2］ 減価償却の記帳が直接法であった場合

タイムテーブルを作ることで、除却時点における状況が把握できます！

● タイムテーブル

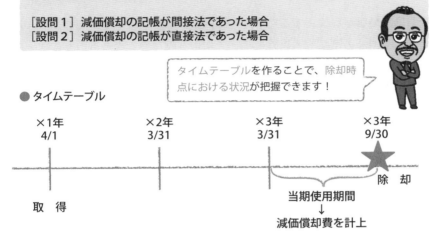

| ×1年 4/1 | ×2年 3/31 | ×3年 3/31 | ×3年 9/30 |

除　却

取　得

当期使用期間
↓
減価償却費を計上

　上記内容から、取得後前期までに 2 回の決算が行われ、2 年分の減価償却が行われている事実、当期首から除却までに 6 ヶ月使用された事実の把握ができるので、これに基づき減価償却費の計算を行う。

前々期：1,000×0.2＝200　　**前期**：（1,000－減・累 200）×0.2＝160
当期使用期間分：（1,000－減・累 360）×0.2×6 ヶ月 /12 ヶ月＝64

［設問 1］ 間接法の場合

借方科目	金　額	貸方科目	金　額
備品減価償却累計額	360	備　　品	1,000
減価償却費	64		
貯　蔵　品	500		
固定資産除却損	76		

［設問 2］ 直接法の場合

借方科目	金　額	貸方科目	金　額
減価償却費	64	備　　品	640
貯　蔵　品	500		
固定資産除却損	76		

リース取引

ファイナンス・リース取引とオペレーティング・
リース取引の違いを覚えましょう

　企業はその事業に使用するための有形固定資産を取得するにあたって、通常の購入や前述の割賦購入以外に**リース**により調達する場合もあります。

　リース取引とは、**自社が必要とする物件をリース会社から借りて事業に使用**する取引です。

リースとレンタルの違い

　リースに類似する取引に**レンタル**があります。リースとレンタルは混同されがちですが、レンタルはあくまでその時点で業者が保有している物件を借り受ける取引に過ぎません。レンタカーが良い例だと思いますが、レンタカー会社が保有している車以外は借りることができませんので、一般的なレンタカー会社に行ってロールス・ロイスや戦車を借りたいと言っても貸してもらえません。

　一方、リースは借り手が必要とする物をその都度リース会社が購入して貸してくれますので、ロールス・ロイスだろうが戦車だろうが調達は可能です（ただし法的な制約はあります）。実際、海外では軍の装備品をリースにより調達している例もあるそうです。

　いずれにしても、企業は有形固定資産の調達に際して一度に多額の資金を用意する必要がありませんし、メンテナンスなどもリース契約に含まれる場合もあるため、企業にとっては**有形固定資産の調達手段として有用**といえる部分も多い取引です。

ファイナンス・リース取引とオペレーティング・リース取引

　企業が実施するリース取引のうち、自分で資産を購入した場合とほぼ同じ効果が得られるリース取引を**ファイナンス・リース取引**といい、それ以外を

◎ リース取引の流れと種類

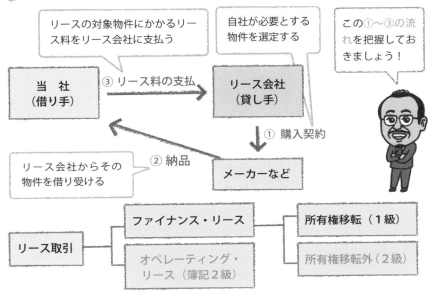

リースの対象物件にかかるリース料をリース会社に支払う

自社が必要とする物件を選定する

この①〜③の流れを把握しておきましょう！

当 社
(借り手)

③ リース料の支払

リース会社
(貸し手)

① 購入契約

② 納品

リース会社からその物件を借り受ける

メーカーなど

リース取引	ファイナンス・リース	所有権移転 (1級)
	オペレーティング・リース (簿記2級)	所有権移転外 (2級)

◎ ファイナンス・リース取引開始時の仕訳

借方科目	金 額	貸方科目	金 額
リース資産	×××	リース債務	×××

リース資産・リース債務の計上は以下のようになる。

リース料総額

利 息
リース会社からの借入分 (見積現金購入価額)

利子込法の場合

利子抜法の場合

ワンポイント

ファイナンス・リース取引であるための2つの要件

以下の2要件をともに満たすリース取引が「ファイナンス・リース取引」となり、それ以外は「オペレーティング・リース取引」です。
①リース期間の中途で解約ができない（ノンキャンセラブル）
②自己所有の資産と同様に使用でき、自己所有した場合と同等のコスト負担が生じる（フルペイアウト）

1 財務諸表
2 純資産
3 現金・預金と債権債務など
4 有価証券
5 商品売買
6 固定資産

オペレーティング・リース取引といいます。

さらに、ファイナンス・リース取引は、リース期間終了後に対象物件の所有権が借り手に移転される所有権移転ファイナンス・リース取引と、所有権がリース会社に残るためリース期間終了後にリース会社に返還しなくてはならない所有権移転外ファイナンス・リース取引の２つに分類されますが、**２級においては「所有権移転外ファイナンス・リース取引」のみが出題対象**です。

ファイナンス・リース取引とオペレーティング・リース取引ではその実態が大きく異なるため、それぞれに適した処理を行うことになります。

ファイナンス・リース取引は、所有権移転外であってもノンキャンセラブルとフルペイアウトの２要件をともに満たすため、実質的には普通に購入した資産に近い状態なので、「売買処理」を行います。つまり、**リース会社から物件の購入代金**（見積現金購入価額といいます）**を借りて資産を購入し、リース料という形で借りたお金の返済をする**と考えるのです。

具体的には、リースによって取得した資産をリース資産（資産）として計上するとともに、今後リース会社に支払う金額をリース債務（負債）で計上します。当然、購入した物として処理するのですから、期末において減価償却も行います（耐用年数はリース期間となり、残存価額は０とします）。

なお、リース会社に対して今後支払うリース料には利息相当額が含まれるのですが、この利息をどのように扱うかが問題となります。

利子抜法と利子込法

ファイナンス・リース取引を実施した際の仕訳の方法には、利子抜法（原則的処理方法）と利子込法(簡便法)の２つが存在します。利子抜法とは、リース会社から借りた**お金本体の返済と利息の支払を厳格に切り分けて処理**する方法です。対して利子込法は、リース会社から借入れた**お金本体と利息の支払を区分せず、一括して処理**する方法です。

オペレーティング・リース取引は、単なる「賃貸借」であると考えて処理します。単純に「借りている」という前提で処理するので、リース会社に支払ったリース料を「支払リース料」（費用）で処理すればいいことになります。

1 財務諸表

2 純資産

3 現金・預金と債権債務など

4 有価証券

5 商品売買

6 固定資産

ファイナンス・リース取引の仕訳

当社は以下の条件で備品のリース取引を開始した。以下の資料に基づき①リース開始時、②リース料支払時の仕訳をしなさい。

① リース取引の開始日：×1年4月1日　② リース期間：3年
③ リース料：毎年3月末に2,000円を現金で支払う（リース料総額6,000円）
④ この備品の見積現金購入価額は4,500円である。
［設問1］利子抜法によった場合
［設問2］利子込法によった場合

利子抜法と利子込法、いずれのパターンも仕訳しましょう！

［設問1］の場合

①リース取引開始日

利子抜法においては、対象物件の本体価額（＝リース会社に借りた額）である見積現金購入価額で「リース資産」などを計上する。

借方科目	金　額	貸方科目	金　額
リース資産	4,500	リース債務	4,500

②リース料支払日

利息相当額：リース料総額6,000円－見積現金購入価額4,500円＝1,500円
毎期の利息：1,500円÷リース期間3年＝500円
リース債務の返済：4,500円÷3年＝1,500円

借方科目	金　額	貸方科目	金　額
リース債務	1,500	現　　金	2,000
支払利息	500		

［設問2］の場合

①リース取引開始日

利子込法においては、リース料総額でリース資産等を計上する。

借方科目	金　額	貸方科目	金　額
リース資産	6,000	リース債務	6,000

②リース料支払日

リース債務の返済：6,000円÷3年＝2,000円

借方科目	金　額	貸方科目	金　額
リース債務	2,000	現　　金	2,000

07 無形固定資産

簿記2級では、3級では問われなかった
無形固定資産に関する処理も求められます

固定資産の中には、有形固定資産以外に無形固定資産も存在します。**日商簿記検定2級では新たに無形固定資産に関する処理も要求**されます。無形固定資産は商売で活用する実体のない権利などを指すので、特許権や商標権などのいわゆる知的財産権等がこれに該当します。代表例は以下のとおりです。

	具体例（勘定科目）
法律上の権利	特許権・商標権・実用新案権
経済上の価値	のれん・ソフトウェア

2級の受験上は、上記のうち、経済上の価値に該当するのれん及びソフトウェアに関する処理がよく出題されます。

なお、無形固定資産であっても、有形固定資産同様に償却を行いますが、無形固定資産は以下の手順等で作業します。

● 日商簿記検定2級における償却の概要

	無形固定資産	有形固定資産
計算方法	定額法	定額法・定率法など
記帳方法	直接法のみ	間接法・直接法
残存価額	0	取得原価の10%

無形固定資産償却時の仕訳は以下のとおりです。

借方科目	金　額	貸方科目	金　額
○○権償却	×××	○○権	×××

※「○○権」には、具体的に特許権や商標権を使用する。

108

無形固定資産の償却に関する具体例①

当社は当期首（×1 年 4 月 1 日）に特許権を 120,000 円で取得し、無形固定資産としている。当期末（×2 年 3 月 31 日）における特許権の償却に係る仕訳を答えなさい。なお、特許権の耐用年数は 8 年である。

無形固定資産の償却要領をしっかり覚えておくことが重要です！

×2 年 3 月 31 日：決算日
無形固定資産である特許権の償却を行う。

償却額：当初計上 120,000÷8 年＝15,000

借方科目	金　額	貸方科目	金　額
特許権償却	15,000	特　許　権	15,000

無形固定資産の償却に関する具体例②

当社の当期末（×3 年 3 月 31 日）における決算整理仕訳を答えなさい。
【資料Ⅰ】決算整理前残高試算表

決算整理前残高試算表	（単位：円）
特許権 105,000	

【資料Ⅱ】決算整理事項等
　特許権は ×1 年 4 月 1 日に取得したもので、耐用年数は 8 年である。

×3 年 3 月 31 日：決算日
　本問の場合、償却対象の特許権は前期首に取得したものであるため、前期末に一回償却がなされている。本問の決算整理前残高試算表に計上された特許権の意味は以下のようになる。

特許権

当初計上額 120,000 8 年で償却	前期末 1 年分償却
	決算整理前残高試算表 ¥105,000 ↓ あと 7 年で償却

借方科目	金　額	貸方科目	金　額
特許権償却	15,000	特　許　権	15,000

決算整理前残高試算表 105,000÷7 年＝15,000

1 財務諸表
2 純資産
3 現金・預金と債権債務など
4 有価証券
5 商品売買
6 固定資産

のれんは買収時に取得した超過収益力要因を評価した勘定

　簿記2級の試験では、無形固定資産の中でも経済上の価値に該当するのれんとソフトウェア（112ページ）に関する処理がよく問われます。ここでは「のれん」の概要と具体的処理を確認していきます。

　「のれん」とは、**他企業を合併などにより買収した際に取得した超過収益力要因を評価した勘定**です。超過収益力要因とは、同業他社に比較して、より多くの売上収益等を稼ぎ出す能力を意味し、具体的には、社歴は浅くても革新的技術の創造力で社会的な評価を受けているとか、古くから続く老舗のため、高級店としてのイメージが広く浸透しているなど、さまざまな要因が考えられます。

吸収合併した場合の処理

　合併とは、ある会社が**既存の他の会社を丸ごと買い取る行為**と考えてください。当社が他の会社を合併すると、その会社が保有するすべての資産とすべての負債を引き継ぎます。同時に、当該の他の会社の所有者である株主に対価として当社の株式を渡します。これにより当社が買い取った会社は消滅し、当社に組み込まれることとなります。これを吸収合併といいます。

　吸収合併を行った場合、当社が純粋に手に入れるのは、**受け入れた資産と受け入れた負債の差額である純資産**です。この純資産と対価として引渡す当社株式の価値（時価）を比較して、余計に支払った対価の金額を、超過収益力要因の取得の対価と考えて「のれん」で処理します。なお、のれんは**取得後20年以内の期間で償却**します。

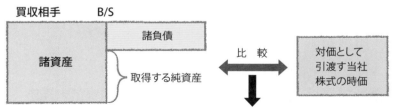

余計に支払った額は、貸借対照表から読み取れない超過収益力
を取得する対価と捉えて「のれん」で処理する。

他企業との合併とのれんの償却

以下の一連の取引に関し、仕訳を示しなさい。なお当社の会計期間は毎年3月末決算日とする1年間である。
① ×1年4月1日、渋沢商事株式会社を吸収合併し、同社の諸資産 7,000 円と諸負債 4,000 円を引き継いだ。これにともない、渋沢商事の株主に対し、当社の株式（時価 4,000 円）を対価として交付したため、資本金で処理する。
② ×2年3月31日、決算につき、上記で取得したのれんを 20 年で償却する。

① ×1年4月1日：吸収合併時

今回の取引によるのれんの算定は以下のとおりである。

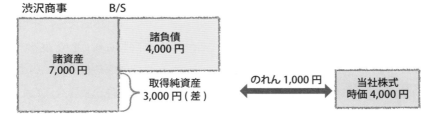

正味の財産が 3,000 円の渋沢商事を買い取るために当社は 4,000 円分の株式を引渡している。これは、当社にとって渋沢商事には B/S で示せない何らかの企業価値があり、これを取得することで今後の商売に役立つものと考えているために余計に 1,000 円支払っている。これこそ今回の合併により取得する超過収益力要因であるため、「のれん」で処理する。

> のれんは、取得後 20 年以内の期間で償却します！

借方科目	金　額	貸方科目	金　額
諸　資　産	7,000	諸　負　債	4,000
の　れ　ん	1,000	資　本　金	4,000

② ×2年3月31日：決算時

無形固定資産である「のれん」は、決算で償却する。

1,000 円 ÷ 20 年＝ 50 円

借方科目	金　額	貸方科目	金　額
のれん償却	50	の　れ　ん	50

1 財務諸表
2 純資産
3 現金・預金と債権債務など
4 有価証券
5 商品売買
6 固定資産

ソフトウェア

自社の業務で使用するソフトウェアを
取得したら、無形固定資産として処理します

　現在における IT 化の進展には目を見張るものがあります。次から次に新たなシステム、新たな機器が開発されて、私ぐらいの年代になるとついていくのも大変です。

　会計の世界でもこの大波は猛威を振るっています。僕が若い頃には、少数ながらも手書きの帳簿等で業務を遂行している中小企業もありましたが、いまではほぼ見ることはありません。どこの企業もおおむね電子化されています。つまり、パソコン等に**会計ソフトをインストールして経理業務をこなしています**。

　これは経理業務に限らず、人事・顧客管理・在庫情報など多くの分野において浸透しているのは周知のとおりです。

　このように、企業は業務効率の向上などの観点から、さまざまなソフトウェアを駆使して業務遂行しています。企業が自社の業務で利用するためのソフトウェアを取得した際には、無形固定資産としてソフトウェア（資産）で処理します。

ソフトウェアは償却を行う

　企業は自社利用のソフトウェアをフルオーダーで外部の専門業者に制作してもらう場合もあります。制作代金の前払をした場合にはソフトウェア仮勘定（資産）で処理しておき、ソフトウェア完成・引渡を受けた時点で**「ソフトウェア仮勘定」を消去するとともに、「ソフトウェア」（資産）の増加で処理**します。

　また、「ソフトウェア」は無形固定資産であるため、他の無形固定資産と同様に期末において償却を行います。

ソフトウェアの償却

以下の一連の取引に関し、仕訳を示しなさい。なお当社の会計期間は毎年3月末決算日とする1年間である。
① ×1年4月1日、外部の業者に自社利用目的のソフトウェア（人事管理ソフト）の制作を発注し、代金の全額20,000円を現金で支払った。
② ×1年10月1日、上記ソフトウェアが完成し、引渡を受けた。
③ ×2年3月31日、決算につき、上記ソフトウェアの償却を行う。
なお、ソフトウェアの耐用年数は5年である。

① ×1年4月1日：ソフトウェア発注時
現時点でソフトウェアは取得していないため、支払った制作代金は「ソフトウェア仮勘定」（資産）で処理する。

借方科目	金　額	貸方科目	金　額
ソフトウェア仮勘定	20,000	現　　金	20,000

② ×1年10月1日：ソフトウェア取得時
制作依頼したソフトウェアの引渡を受けたため、「ソフトウェア仮勘定」（資産）を消去し、「ソフトウェア」（資産）の増加で処理する。

借方科目	金　額	貸方科目	金　額
ソフトウェア	20,000	ソフトウェア仮勘定	20,000

③ ×2年3月31日：決算日
無形固定資産である「ソフトウェア」を問題指示に基づき償却します。なお、今回はソフトウェアの取得後期末まで6ヶ月しか経過していないので、月割計算が必要であることに注意が必要。

20,000円÷5年×6ヶ月/12ヶ月＝2,000円

借方科目	金　額	貸方科目	金　額
ソフトウェア償却	2,000	ソフトウェア	2,000

ワンポイント

前払時の処理と引渡時の修正

建物の建設を依頼した際の前払額は「建設仮勘定」、ソフトウェアは「ソフトウェア仮勘定」で処理し、いずれも引渡時に「建物」や「ソフトウェア」に記録を修正します。

1 財務諸表
2 純資産
3 現金・預金と債権債務など
4 有価証券
5 商品売買
6 固定資産

リースの活用と会計処理

「リース」という言葉は、すでに一般的な用語として定着しましたが、日本でリース取引が開始されたのは昭和30年代終盤のことといわれ、その後市場が急速に発達しました。

当初、リースで調達した物件は貸借対照表に計上せず（オフバランスという）、賃貸借取引と考えて会計処理できました。これが、リースが普及した要因の一つです。下記のように、毎年支払うリース料をその期の費用として処理するのみだったのです。

（借）支払リース料　（費用）×××　（貸）現金など×××

上記の会計処理は、現行の制度での「オペレーティング・リース取引」と同様の趣旨。これは企業にとって大きな魅力です。銀行からの借り入れで資産を調達すれば、資産自体も銀行からの借り入れも貸借対照表に記載しなくてはなりませんが、リースを使えば資産も負債も計上せずに、事業で活用できる設備の取得が可能になるからです。

つまり、貸借対照表の資産規模などを増やさずに事業設備を増加させ、少ない資産をうまく活用して多くの利益を生み出す効率性の高い企業のように見せかけることが可能になります。

これは財務諸表から企業の状況を読み取る利害関係者からすれば、正しい企業実体を把握できなくなるため大問題です。こういった問題を解消するため、リース取引は数度の処理ルール改正がなされ、徐々にリース取引によって調達した物件等は貸借対照表に資産等として計上されるように変更されてきました（オンバランス）。

そしていま、さらなる資産計上等の強化を図るルール改正の議論が開始されました。リースのルール変更は企業の設備投資計画にも大きく影響します。今後の動きは要チェックです。

第 7 章

株式会社の税金

簿記上の税金に関する取扱い

株式会社に課される税金で重要なのは
「法人税等」に関する処理です

　企業が活動を行う過程では、さまざまな税金の負担が求められますが、簿記上、株式会社に課される税金の処理は、以下の3つに大別できます。

● 株式会社の3つの税金

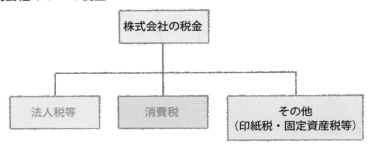

2級の学習は「法人税等」がメイン

　上記のうち、「消費税」と「その他」の処理は3級と同じですから、受験対策上の問題とはならないと思います。

　2級では、3級のときよりも**会社の利益に課税される「法人税等」の掘り下げが必要になる**ので、ここでは「法人税等」に関する以下の流れを意識し、軽くその処理をおさらいしておきましょう。

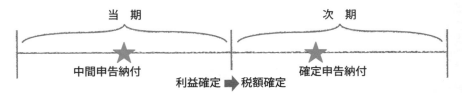

法人税に関する処理の具体例①

① ×1 年 8 月 25 日に中間申告を行い、法人税等 600 円を小切手を振出して支払った。
② ×1 年 12 月 31 日（決算日）に、当期の法人税等 1,400 円が確定した。
③ ×2 年 2 月 25 日、確定申告を行い、中間申告額を差し引いた残額を小切手を振出して納付した。

仕訳のタイミングは、中間申告、決算日、確定申告の 3 つです！

①×1 年 8 月 25 日：中間申告の実施

借方科目	金　額	貸方科目	金　額
仮払法人税等	600	当座預金	600

②×1 年 12 月 31 日：決算日

当期の利益に課税される法人税等が確定した際には、当該確定額を「法人税等」（費用）で処理。中間納付額を控除した不足分が翌期の確定申告時に納付すべき税額となるので、これを「未払法人税等」（負債）で処理する。

借方科目	金　額	貸方科目	金　額
法人税等	1,400	仮払法人税等	600
		未払法人税等	800

③×2 年 2 月 25 日：確定申告納付時

前期末に「未払法人税等」（負債）で計上した額を納付する。

借方科目	金　額	貸方科目	金　額
未払法人税等	800	当座預金	800

法人税に関する処理の具体例②－利息・配当に係る源泉所得税の扱い－

×1 年 7 月 25 日、保有する株式につき、配当金 170 円を現金で受け取った。なお、当該手取額は源泉所得税 15％が控除された残額である。

利息・配当金は、源泉所得税が控除された後の残額のみを受け取ることになるが、簿記上、源泉所得税控除前の総額をもって「受取配当金」（収益）等の計上をするとともに、源泉徴収税額は当期の法人税から控除されるため「仮払法人税等」で処理する。

借方科目	金　額	貸方科目	金　額
現　金	170	受取配当金	200
仮払法人税等	30		

02 課税所得の計算

課税所得は税法上の利益の金額ですが、
簿記上の利益とは計算過程が違います

　前項で少し触れましたが、当期の利益などに課税される法人税等は、厳密には法人税法などの規定に基づき算定される課税所得に基づき計算されます。

法人税等 ＝ 課税所得 × 税率

　ここでいう課税所得とは、いわば税法上の利益の金額を示すのですが、税法は政策判断によって立案・施行されるものであるため、**簿記上の利益とは計算過程が異なります**。具体的には、税法上の収益というべき益金から、税法上の費用に相当する損金を控除することで課税所得を計算します。

課税所得 ＝ 益 金 － 損 金

↕ ズレる ↕

簿記上の利益 ＝ 収 益 － 費 用

　簿記は、あくまで企業の経営成績や財政状態を正確に把握するのを目的としますが、税法は時の権力者が政策的観点から設定するものですので、**両者には相違が生じる**のです。

　実際の課税所得はどのように計算されるのでしょうか。簿記上の利益と課税所得に相違が生じるのは、それぞれにおける**収益・費用と益金・損金の範囲の違い**によるもので、その要因は以下の４つです。

① 益金算入：会計上の収益ではないが、税法上は益金となる。
② 損金不算入：会計上は費用だが、税法上は損金とならない。
③ 益金不算入：会計上の収益だが、税法上は益金とならない。
④ 損金算入：会計上は費用ではないが、税法上は損金となる。

　この相違に着目し、会計上の税引前当期純利益を計算した後、上記４つの相違を調整することで課税所得を計算します。これを税務調整といいます。

◎ 税務調整の方法と課税所得の把握

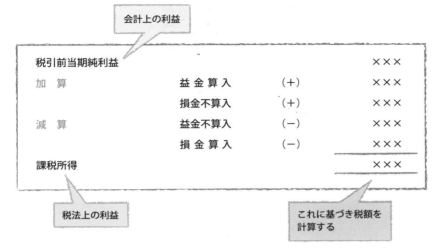

会計上の利益

税引前当期純利益			×××
加 算	益 金 算 入	（＋）	×××
	損 金 不 算 入	（＋）	×××
減 算	益 金 不 算 入	（－）	×××
	損 金 算 入	（－）	×××
課税所得			×××

税法上の利益

これに基づき税額を計算する

◎ 課税所得の計算と法人税額の算定に係る具体例

決算の結果、税引前当期純利益は 10,000 円と算定された。以下の資料に基づき、当期の法人税等として計上すべき金額を答えなさい。

【資料】
①益金算入：200 円　②益金不算入：100 円
③損金不算入：300 円　④損金算入：800 円
なお、法人税等の計算上適用すべき税率は 30%である。

Step 1　税務調整による課税所得の計算

税引前当期純利益			10,000円
加 算	益 金 算 入	（＋）	200円
	損 金 不 算 入	（＋）	300円
減 算	益 金 不 算 入	（－）	100円
	損 金 算 入	（－）	800円
課税所得			9,600円

Step 2　法人税等計上額の計算

課税所得 9,600 円 × 税率 30%＝2,880 円

株式会社と税金

私たち個人と同様、企業もさまざまな形で各種の税負担を課されています。受験簿記の世界でも、各種税金に関する処理が要求されますが、代表的な税金を課税主体（≒納税先）の違いに基づいて紹介すると、以下のとおりです。

納付先の違いによる分類	代表例
国税 （国が課す税金）	・法人税 ・所得税 ・消費税（7.8%） ・印紙税
地方税 （地方公共団体が課す税金）	・住民税 ・事業税 ・地方消費税（2.2%） ・固定資産税

ただし、具体的な会計処理に際しては、上記納付先の違いによる分類はほとんど考慮せず、課税対象の違いなどに着目して処理をします。典型的なのが、「法人税等」で処理する法人税・住民税・事業税でしょう。これらは国税・地方税という違いがあるものの、企業の儲けに対して課税されるという特性が共通しているため、一括して費用である「法人税等」で処理するのです。

ちなみに、「法人税等」や「租税公課」などの各種税金は多くの場合、企業の費用で処理されます。これは、企業が事業活動を行うためにさまざまな法制度の庇護や社会インフラを活用しているため、税金はこれらを利用するための企業負担として、企業が事業活動を行う過程で生じるコストと考えることなどが理由となっています。

第 8 章

外貨建取引

01 外貨建取引が生じた際の期中処理

外貨建取引が生じたときは、
「為替換算」をする必要があります

　日本の企業が海外の企業と取引を行った場合など、商品価額やその他取引価額が日本円以外の外国通貨（ドルやユーロなど）で取り決められている場合、これを外貨建取引といいます。外貨建取引が生じた場合でも、日本企業が国内で作成・開示する財務諸表は原則として「円」単位でなくてはなりませんので、日々の仕訳及び転記は「円」単位で行うのが基本です。そのため、**外貨建取引が生じた場合には、外国通貨で決められた取引価額を日本円に直す必要が生じます。**これを為替換算といいます。為替換算をするためには、日本円と外国通貨の交換比率を意味する為替レート（為替相場）を用います。毎日ニュースなどで報じられている「今日の為替相場」という、あれです。

決済時までに為替相場が変動すると…

　外貨建取引が発生したときは、とりあえずその外貨建取引が生じた日の為替相場を用いて円に換算し、仕訳を行います。

● 商品 $100 の掛仕入を行った場合

借方科目	金　額	貸方科目	金　額
仕　　入	×× 円	買　掛　金	×× 円

× この日の為替相場

　　　　　　　　　　　$100　　　　　　　　　　　　　　　　　　$100

　その後、外貨建の買掛金や売掛金は約束の期日に決済されることになりますが、この決済時までに為替相場が変動すると、決済時点の為替相場で換算（両替）した金額を支払う（または受け取る）ことになります。この場合、取引発生時の為替相場で換算した売掛金・買掛金との間に差額があるときは、**当該差額を為替差損（費用）または為替差益（収益）で処理**します。

◎ 買掛金 $100 の決済時

取引発生時の為替相場 ↑　　　　　決済時の為替相場 ↑

借方科目	金　額	貸方科目	金　額
買 掛 金	○○円	現　　金	○○円
為替差損	○○円		

◎ 外貨建取引の記帳に関する具体例

① 8月15日、当社は米国企業より商品 $100 を掛にて仕入れた。なお、同日の為替相場は $=110 円である。
② 11月10日、8月15日に生じた外貨建買掛金 $100 を現金で決済した。なお、この日の為替相場は $=100 円である。

① 8月15日：外貨建掛仕入時

　外貨建取引が生じた場合、とりあえずこの日の為替相場を用いて円に換算し、仕訳する。

為替レートを用いて為替換算しましょう！

借方科目	金　額	貸方科目	金　額
仕　　入	11,000	買 掛 金	11,000

↑ $100　　×110円　　↑ $100

② 11月10日：決済時

　決済時には、仕入時の為替相場で記録済みの買掛金を消去する。この際、仕入先に支払うべき金額はあくまで取引先と定めた取引価額の $100 であるため、決算時の為替相場で銀行などからドルを調達し、仕入先にこれを支払うと考えて処理する。上記処理の結果生じる仕訳上の差額は、掛仕入を行ってから決済するまでの間に生じた為替相場の変動による損益と考えて、為替差損又は為替差益で処理する。

$100
×100円 ⬇

借方科目	金　額	貸方科目	金　額
買 掛 金	11,000	現　　金	10,000
		為替差益	1,000

⬇ 差額算定

記録上は日本円に換算して仕訳するものの、あくまでも取引先に支払う（または受け取る）のは外貨であるという点に注意！

02 決算の処理

決算時の為替相場により換算をし直すことを
「換算替え」といいます

　外貨建取引の結果、売掛金や買掛金などのような金銭債権・債務が生じ、これらが決算時点で決済されずに残っている場合、決算日の為替相場により換算をし直します。これを、換算替えといいます。

換算替えの対象になるもの、ならないもの

　具体的に換算替えの対象となるのは、**外貨建取引の結果生じた「貨幣項目」のみ**であり、これには外国通貨・預金及び外貨建金銭債権債務（売掛金・買掛金など）が該当します。

　これらは為替相場の変動により、将来的に円ベースの入金額・出金額に変動が生じるため、期末までの相場変動による暫定的な影響を明らかにするため、換算替えの対象となります。その際、換算替えによって生じた差額も、**為替差損（費用）・為替差益（収益）で処理**します。

　同じ外貨建取引の結果生じたものであっても、為替相場の変動による円ベース受払額に影響を受けない非貨幣項目（商品・有形固定資産・前払金・前受金など）や費用・収益項目は換算替えの対象とはなりません。

　つまり、これら項目は取引時の為替相場で換算した金額がそのまま財務諸表に記載されることとなります。

● **換算替えの具体例**

	具体例	適用するレート
貨幣項目	外国通貨・外貨建預金・受取手形・売掛金・貸付金・支払手形・買掛金・借入金	決算時の為替相場で換算替え
非貨幣項目	商品・有形固定資産・前払金・前受金など	取得時の為替相場のまま

◎ 外貨建項目に関する決算時の具体例

当期末決算日において必要となる決算整理仕訳を示しなさい。

【資料Ⅰ】決算整理前残高試算表（一部）

決算整理前試算表　　　　（単位：円）

現　　金	3,230,000	買 掛 金	2,000,000
売 掛 金	5,200,000	前 受 金	700,000
備　　品	3,000,000		

【資料Ⅱ】決算整理事項等

①決算整理前残高試算表の各勘定残高には、以下の内容が含まれている。

現金：＄200（20,400円）　買掛金：＄400（40,400円）

前受金：＄150（15,000円）

②決算日の為替相場は＄＝100円である。

1. 現金⇒貨幣項目に該当するため、決算日レートで換算替え

帳簿20,400円⇒＄200×決算日レート100円＝20,000円

借方科目	金　額	貸方科目	金　額
為替差損	400	現　　金	400

2. 買掛金⇒貨幣項目に該当するため、決算日レートで換算替え

帳簿40,400円⇒＄400×決算日レート100円＝40,000円

借方科目	金　額	貸方科目	金　額
買 掛 金	400	為替差益	400

3. 前受金⇒非貨幣項目に該当するため、換算替えを行う必要はない

換算替えの対象かどうかを
しっかり判定しましょう！

為替予約

為替リスクを回避する目的で
「為替予約」を行うことがあります

　ここまでに確認したとおり、外貨建の金銭債権・債務等は為替相場の変動により**円ベースでの受取額・支払額が変動してしまう**というリスクを背負っています。これを**為替リスク**といいます。

　例えば、為替相場が＄＝100円の日に外貨建売掛金＄100を取得すると、この日に換算される金額は10,000円となりますが、決済時に為替相場が＄＝98円となった場合（これを**円高進行**という）、回収する売掛金は日本円ベースでいえば＄100×98円＝9,800円の価値しかないことになります。これが為替リスクなのです。

為替相場をあらかじめ決める「為替予約」

　取引全体に占める外貨建取引の割合が多い企業などでは、上記のような為替リスクによって大きな損失が計上されることにもなりかねないため、これを回避する目的で**為替予約**を行う場合があります。為替予約とは、銀行などとの契約により、将来、外貨建売掛金や外貨建買掛金の決済時に適用される為替相場をあらかじめ決めておく取引です。

　為替予約を実施しておけば、決済日における実際の為替相場にかかわらず、**あらかじめ約束した為替相場で外貨建売掛金や外貨建買掛金等の精算が可能**となります。

　つまり、予期せぬ形で円ベースの入金や円ベースでの出金が増減することを回避することができるようになるのです。

　なお、為替予約で使用する為替相場を**先物為替相場**といい、これまで使用してきた通常の為替相場を**直物為替相場**と呼んで区別します。

◎ 為替予約の具体例

① ×1年8月25日、当社は米国企業のネバダ商店に商品＄200を掛で売上げた。

② ×1年9月1日、8月25日に生じた売掛金の決済に備えて、取引銀行と為替予約を締結した。

③ ×1年11月30日、ネバダ商店の売掛金を現金で回収した。

下の為替相場を見ると、円高進行になっていることがわかると思います！

【各日の為替相場】

	直物為替相場	先物為替相場
×1年8月25日	＄＝123円	＄＝121円
×1年9月1日	＄＝119円	＄＝117円
×1年11月30日	＄＝115円	―

① ×1年8月25日：外貨建売掛金の発生時

現時点においては為替予約を締結していないため、通常の換算で用いる直物為替相場で換算、仕訳する。

掛売上高＄200×直物相場123円＝24,600円

借方科目	金　額	貸方科目	金　額
売　掛　金	24,600	売　　上	24,600

② ×1年9月1日：為替予約の締結日

為替予約を締結した結果、外貨建売掛金の円ベース回収額が確定することとなるため、取引発生時の直物相場で換算してある売掛金を先物相場による円換算額に修正するとともに、差額を為替差損又は為替差益で処理する。

記録済みの売掛金24,600円⇒＄200×先物相場117円＝23,400円

借方科目	金　額	貸方科目	金　額
為替差損	1,200	売　掛　金	1,200

③ ×1年11月30日：売掛金回収日

為替予約が締結されている売掛金は、円ベースでの回収額がすでに確定しているため、これに基づき処理するのみとなる。

借方科目	金　額	貸方科目	金　額
現　　金	23,400	売　掛　金	23,400

コラム 為替相場変動による 損失の回避

　第8章で学んだように、為替相場の変動は企業の業績に大きな影響を及ぼすものなので、ある程度の規模で外貨建取引を行う企業にとっては、為替相場の変動による損失の回避を図る必要があります。このために活用するのが、この章で確認した「為替予約」などです。

　「為替予約」は、いわゆる「デリバティブ取引」に該当するものですが、近年では、為替変動リスクを回避する手段として、「為替予約」以外にも「オプション取引」など他のデリバティブ取引の活用も多くなってきています。

　「オプション取引」などのデリバティブ取引に係る会計処理は、基本的に日商簿記検定1級以上の学習範囲となりますが、興味のある方は2級を受験した後に、こういった分野を勉強されてみても面白いかもしれません。

近頃は、「為替予約」以外にも、「オプション取引」といった他のデリバティブ取引を使うことも多くなっているのです！

第 9 章

本支店会計

01 本支店間取引の記帳

支店の規模が大きいときには、本店と支店が
それぞれ独立して取引を記帳します

　本支店会計とは、複数の拠点（店舗など）を設けて事業を行う企業を対象
とする簿記のシステムです。

　支店の規模が大きい場合などには、本店のみならず支店にも仕訳帳と総勘
定元帳を設定し、本店と支店が各々独立して取引の記帳を行います。これを
支店独立会計制度といいます。

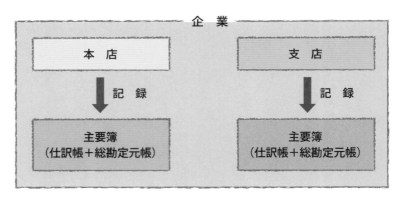

社内の取引は取引先との取引と区別する

　本店や支店は常に外部の取引先とだけ取引を行うわけではなく、企業内部
でも物やお金が動く取引が生じる場合があります。この際も、本店・支店そ
れぞれで記録を取りますが、社内での取引が生じた場合、外部の取引先との
取引と区別するため、本店では「支店」「支店へ売上」などの勘定で記録し、
支店では「本店」「本店より仕入」を用いて記録します。

　本店が使用する「支店」勘定は、**支店に対する債権や債務をまとめて記録**
します。同様に支店が使用する「本店」勘定は、**本店に対する債権や債務を
まとめて記録**します。

◎ 本支店間取引の具体例

> ①本店が支店に対して現金20,000円を送金した。
> ②本店は仕入先から 50,000 円で仕入れていた商品を支店に 50,000 円（振替価額）で発送した。

①現金送付時

ⅰ．本店の処理

本店では手許の現金が減少するため、「現金」（資産）の減少で処理し、反対側に取引相手である「支店」勘定を仕訳する。これは、支店に対する債権の増加と考えるということである。

企業内部の債権・債務は、「本店勘定」「支店勘定」で処理します！

借方科目	金　額	貸方科目	金　額
支　店	20,000	現　金	20,000

ⅱ．支店の処理

支店では手許の現金が増加するため、「現金」（資産）の増加で処理し、反対側に取引相手である「本店」勘定を仕訳する。これは本店に対する債務の増加と考えるということである。

借方科目	金　額	貸方科目	金　額
現　金	20,000	本　店	20,000

②商品送付時

ⅰ．本店の処理

本店では支店に対する掛売上と考えて処理する。ただし、外部に対する販売と区別するため、売掛金の代わりに「支店」勘定を用い、通常の売上ではなく「支店へ売上」で処理する。

借方科目	金　額	貸方科目	金　額
支　店	50,000	支店へ売上	50,000

ⅱ．支店の処理

支店では本店からの掛仕入と考えて処理する。ただし、外部からの仕入と区別するため、買掛金の代わりに「本店」勘定を用い、通常の仕入ではなく「本店より仕入」で処理する。

借方科目	金　額	貸方科目	金　額
本店より仕入	50,000	本　店	50,000

02 支店間取引の記帳

支店同士の取引の記帳方法は、
支店分散計算制度と本店集中計算制度があります

　支店が複数存在する場合は、支店同士でも取引を行うことがあります。支店同士で取引が行われた場合の記帳方法には、支店分散計算制度と本店集中計算制度の2つがあります。

支店分散計算制度のしくみ

　支店分散計算制度は、支店間で生じた取引を"あるがまま"記録する方法です。事実に基づき記録するので、非常に対応しやすい方法です。

● 支店分散計算制度の概要

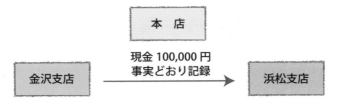

本店集中計算制度のしくみ

　対して、本店集中計算制度は、支店間取引を各支店が本店を通じて取引したものとみなして処理する方法です。支店間で行われた取引の情報を本店が把握しやすくなるため、内部的な管理目的ではすぐれた方法といえます。

● 本店集中計算制度の概要

◎ 支店間取引の具体例

当社は都内に本店をおき、金沢市と浜松市にそれぞれ金沢支店・浜松支店を設置している。支店相互間取引は本店集中計算制度による。
11月1日：金沢支店は浜松支店に現金 100,000 円を送金した。

● 本店集中計算制度の場合

①金沢支店の場合

事実は無視して、本店に対する送金として処理する。

借方科目	金　額	貸方科目	金　額
本　　店	100,000	現　　金	100,000

②浜松支店の場合

事実は無視して、本店からの送金として処理する。

借方科目	金　額	貸方科目	金　額
現　　金	100,000	本　　店	100,000

③本店の場合

本店では以下の要領で仕訳を考える。

・金沢支店からの送金

借方科目	金　額	貸方科目	金　額
現　　金	100,000	金沢支店	100,000

・浜松支店への送金　　　　　　　　　　相殺

借方科目	金　額	貸方科目	金　額
浜松支店	100,000	現　　金	100,000

本店では実際に現金の授受がないため、これを相殺する。

借方科目	金　額	貸方科目	金　額
浜松支店	100,000	金沢支店	100,000

なお、支店分散計算制度の場合、本店では取引に関与しないため仕訳不要になる。

・金沢支店の処理

（借）　浜松支店　　　100,000　（貸）　現　　金　　　100,000

・浜松支店の処理

（借）　現　　金　　　100,000　（貸）　金沢支店　　　100,000

03 合併財務諸表の作成

本支店会計を適用する企業であっても、企業全体の状況を示すために合併財務諸表を作成します

　本支店会計を適用する企業においても、期末において財務諸表を作成し、企業外部に開示することとなります。

　この際に作成・開示される財務諸表はあくまで企業全体の状況を示すものでなくてはなりませんので、本店と支店の収益及び費用を合算した合併損益計算書と、本店及び支店の資産・負債等を合算した合併貸借対照表を作成します。

　これらを総称して、合併財務諸表といいます。

合併財務諸表の作成時の注意点

　合併財務諸表の作成に際しては、基本的に、本店が記録する収益・費用等と、支店が記録する収益・費用等の同一項目同士を合算することとなるのですが、いくつか注意すべき内容も存在します。

　以下の３点に注意して、合併財務諸表の作成を行うようにしてください。

①合併損益計算書の売上高
「支店へ売上」勘定などの内部取引は記載せず、企業外部に対する売上のみを記載する。
②合併損益計算書の当期商品仕入高
「本店より仕入」勘定などの内部取引は記載せず、企業外部からの仕入高のみを記載する。
③合併貸借対照表における「本店」勘定・「支店」勘定の取扱い
「本店」勘定及び「支店」勘定は社内における債権・債務関係を示しているに過ぎないため、外部公表用の貸借対照表には記載しない。

◎合併財務諸表作成の具体例

当期の決算整理前残高試算表及び参考資料に基づき、本支店合併財務諸表を作成しなさい。

【資料Ⅰ】決算整理前残高試算表（便宜上、科目は集約している）

決算整理前残高試算表 （単位：円）

	本　店	支　店		本　店	支　店
繰 越 商 品	2,300	590	諸　負　債	13,166	1,760
諸　資　産	27,030	11,210	本　　店	—	9,050
支　　店	9,050	—	資　本　金	12,000	—
仕　　入	10,000	1,500	繰越利益剰余金	9,930	—
本店より仕入	—	1,210	売　　上	15,000	3,800
諸　費　用	2,926	100	支店へ売上	1,210	—
	51,306	14,610		51,306	14,610

【資料Ⅱ】決算整理事項等
本店の期末商品は1,600円、支店の期末商品は730円である。

解答

合併損益計算書

期首商品棚卸高	2,890	売　　　　上	18,800
当期商品仕入高	11,500	期末商品棚卸高	2,330
諸　　費　　用	3,026		
当 期 純 利 益	3,714		
	21,130		21,130

「本店より仕入」「支店へ売上」は含まない

合併貸借対照表

商　　　　品	2,330	諸　負　債	14,926
諸　資　産	38,240	資　本　金	12,000
		繰越利益剰余金	13,644
	40,570		40,570

「本店」「支店」は含まない

繰越利益剰余金は P/L で算定した当期純利益を加算する

「本支店会計」の
出題頻度

　かつての日商簿記検定2級では、本支店会計における合併財務諸表の作成等が第3問の頻出項目でした。

　おおむね10年前くらいに2級の受験勉強をされたのであれば、本支店会計の問題演習を「嫌というほどやった」という方も少なくないと思います。それくらいよく出題されていましたし、2回続けて本支店会計が出題されたことも数度ありました。

　このように、かつての本試験ではよく出題された本支店会計の合併財務諸表作成ですが、近年は出題数が著しく減少傾向にあり、本支店会計に関する論点が出題される際には、支店間取引に関する仕訳問題などが多くなってきています。

　時代に即して出題内容を変更していくというのが日本商工会議所のスタンスですので、これも時代の変化だと思います。ただし、受験簿記の世界において、本支店会計自体の重要性がなくなってきたわけではありません。

　私は税理士試験の会計科目（簿記論・財務諸表論）でも講義を担当しているのですが、税理士試験（特に簿記論）においてはいまだ本支店会計は主要な学習論点であり、本試験でも出題されています。

　将来的に税理士試験の受験も検討している方なら、本支店会計等をしっかり消化しておくと先々役に立つと思います。

　頑張ってこなしていきましょう！

第 **10** 章

税効果会計

01 税効果会計の必要性

会計上の費用、税務上の損金の相違の整合性を
確保するための処理が税効果会計です

　第7章で学習したように、**会計上の収益・費用と税務上の益金・損金の範囲は異なります**。決算で計上される法人税等は税務上の益金・損金の差として算定される課税所得に基づき計算されるため、会計上の収益・費用の差として算定される税引前当期純利益の金額とは対応しません。

● **会計上の費用と税務上の損金に差異が生じた事例**

> 当期の収益は 1,000 円（税務上の益金も同額）、費用は 800 円（税務上の損金は 700 円）と算定された。当期の損益計算書（簡易版）を作成しなさい。
> なお、法人税等の実効税率は 30％として解答すること。

	会計上の P/L			税務による税額計算	
	収　益	1,000		益　金	1,000
	費　用	800		損　金	700
対応	税引前当期純利益	200		課税所得	300
しない	法人税等	90		×30%	
	当期純利益	110			

　上記から明らかなとおり、会計上の費用と税務上の損金が相違した結果、**会計上の税引前当期純利益と、これに対応するべき課税所得に基づき計算される法人税等が対応しない**ことになります。

　具体的には、会計上の観点からは、税引前当期純利益 200 円の 30％に相当する 60 円が「あるべき税額」なのに対し、課税所得に基づき計算される「納めるべき税額」は 90 円であるため、このままでは税率 30％を前提とした際の P/L 末尾の整合性が保てなくなります。この整合性を確保するために行う処理が税効果会計です。

　先ほどの設例に基づき税効果会計を適用すると、P/L の概要は以下のとおりです。

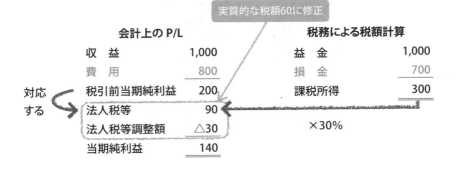

税効果会計においては、法人税等調整額という調整項目を使用することで、実質的に計上される法人税等が税引前当期純利益と対応する形に修正していきます。本問の場合、過大となる「法人税等」30円を減額するため、法人税等調整額を用いて「法人税等」の額をマイナス調整するとともに、当該税額は税金の前払と考えて繰延税金資産（資産）で処理します。

● 本設例に係る税効果の仕訳

借方科目	金　額	貸方科目	金　額
繰延税金資産	30	法人税等調整額	30

　本設例の場合、会計上の費用と税務上の損金の誤差（これを差異という）に起因して税効果の適用が必要となりますが、**すべての差異に対して税効果会計を適用できるわけではありません**。差異には、将来その誤差が解消する一時差異と、永久に解消しない永久差異の2種類があり、税効果会計を適用できるのは一時差異のみ。永久差異には税効果会計が適用できません。

ワンポイント

「一時差異」にはどのようなものがあるのか？

一時差異は、以下のものが代表例です。受験上は問題で指定された項目に処理を行えばよいことになります。
・引当金の損金算入限度超過額　　・減価償却費の損金算入限度超過額
・その他有価証券の評価差額

02 税効果会計の具体例

貸倒引当金に関する
税効果会計の具体例を見てみましょう

　会計上は期末の売上債権などに対し、次期において貸倒れが見込まれる分だけ貸倒引当金の設定を行います。

貸倒引当金に係る税効果の処理

　税務では、貸倒引当金の設定に限度額が設けられています。これを**貸倒引当金繰入限度額**といい、この限度額までしか損金に計上することができません。

　会計上の必要額のうち、貸倒引当金繰入限度額を超過した部分を**貸倒引当金繰入限度超過額**といい、税効果の適用対象たる一時差異として取扱います。

◎ 貸倒引当金繰入超過額に関する具体例

> 以下の資料に基づき、各期で必要となる税効果会計の仕訳を答えなさい。なお、実効税率は30%とする。
> ①×1年度の決算で売掛金に対する貸倒引当金を1,000円設定する。
> なお、税務上の繰入限度額は600円である。
> ②×2年度において、前期から繰越された売掛金1,000円が貸し倒れた。これにより、前期に生じた繰入限度超過額が損金算入された。

一時差異をしっかり
特定しましょう！

①×1年度決算時

　この期に生じた貸倒引当金繰入限度超過額は 400 円となるが、これにより、①会計上の費用より税務上の損金が小さい⇒②会計上の利益よりも課税所得が大きくなる⇒③会計上あるべき税金よりも納税するべき税金が大きくなる⇒④法人税等を減らすべきと判断し、貸方に法人税等調整額を計上することで対応する。なお、仕訳で用いる金額はあくまで税額の調整を目的にするため、一時差異 × 税率で税額ベースにて計算する。

発生した一時差異 400 ×税率 30% = 120

借方科目	金　額	貸方科目	金　額
繰延税金資産	120	法人税等調整額	120

　上記処理の結果、会計上の P/L 等を作成すると以下のとおりとなる。

《税効果会計の効果確認》

収益（益金も同額）2,000 円、費用・損金は貸倒引当金繰入のみと仮定する。

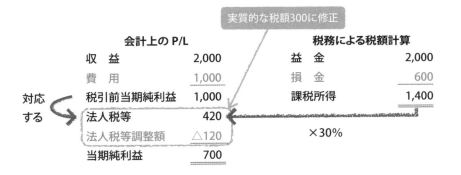

実質的な税額300に修正

会計上の P/L

収　益	2,000
費　用	1,000
税引前当期純利益	1,000
法人税等	420
法人税等調整額	△120
当期純利益	700

対応する

税務による税額計算

益　金	2,000
損　金	600
課税所得	1,400

×30%

②×2年度決算時

　翌年貸倒れが 1,000 円生じたことにより、前期に損金算入できなかった 400 円が損金算入される。これにより、通算した費用・損金の計上額が一致するため、「一時差異の解消」となる。一時差異が解消した会計期間には、差異発生時の逆仕訳を行うことで対応する。

借方科目	金　額	貸方科目	金　額
法人税等調整額	120	繰延税金資産	120

《税効果会計の効果確認》

収益（益金も同額）2,000 円、費用・損金は貸倒損失のみと仮定。

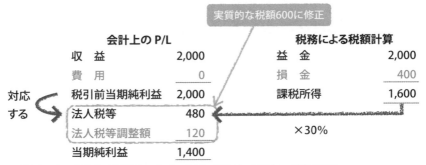

実質的な税額600に修正

	会計上の P/L		税務による税額計算	
	収 益	2,000	益 金	2,000
	費 用	0	損 金	400
	税引前当期純利益	2,000	課税所得	1,600
対応する	法人税等	480		
	法人税等調整額	120	×30%	
	当期純利益	1,400		

※貸倒れ時：会計上は引当金の充当で処理。税務は不足額400が貸倒損失

減価償却費に係る税効果の処理

　減価償却費の計算を行うにあたって、会計上の耐用年数（経済的耐用年数）と税法上の耐用年数（法定耐用年数）が異なる場合があります。この場合、税法上の耐用年数で計算した減価償却費の金額を減価償却限度額、会計上の減価償却費が減価償却限度額を超えた部分を減価償却限度超過額といい、税効果の適用対象たる一時差異として取扱います。

◎減価償却限度超過額に関する具体例

以下の資料に基づき、各期で必要となる税効果会計の仕訳を答えなさい。なお、実効税率は30%とする。
①×1 年度の決算で期首に 10,000 円で取得した備品の減価償却を行う。当該備品の耐用年数は 4 年、残存価額は 0、定額法で計算する。なお、税務上の法定耐用年数は 5 年である。

①×1 年度決算時

会計上の減価償却費：10,000 ÷ 4 年 = 2,500 円
税務上の減価償却費：10,000 ÷ 5 年 = 2,000 円

　この期に生じた減価償却限度超過額は 500 円となるが、これにより、①会計上の費用より税務上の損金が小さい⇒②会計上の利益よりも課税所得が大きくなる⇒③会計上あるべき税金よりも納税するべき税金が大きくなる⇒④法人税等を減らすべきと判断し、貸方に法人税等調整額を計上することで対応する。

発生した一時差異 500 ×税率 30%＝ 150

借方科目	金 額	貸方科目	金 額
繰延税金資産	150	法人税等調整額	150

今回の事例に関しては、耐用年数満了時または売却時等に差異が解消する。

その他有価証券の時価評価に係る税効果の処理

　会計上、その他有価証券は時価評価しますが、税務上は取得原価評価の対象となるため時価評価をしません。

　そこで、期末において会計上と税務上でその他有価証券の簿価に相違が生じることになるのですが、会計上の時価評価は洗替法（あらいがえ）が強制されるため、翌期首の逆仕訳により元の簿価に戻り税務上の簿価と一致します。

　現行制度上、この一時的な簿価の差を一時差異として取扱うことが定められているため、税効果会計を適用します。

　ただし、その他有価証券の時価評価を行っても評価益等が損益計算書に計上されないことから、税効果においても「法人税等調整額」を用いずに処理することになります。

その他有価証券は、税務上は時価評価しません！

◎ その他有価証券に関する具体例

以下の資料に基づき、各期で必要となる税効果会計の仕訳を答えなさい。なお、実効税率は 30%とする。
①×1 年度の決算で期首に 10,000 円で取得した K 社株式の時価は 12,000 円であった。
②翌期首となったので再振替仕訳を行う。

これは特殊なパターンです！

①×1 年度決算時

税効果会計の適用をともなうその他有価証券の時価評価は、以下の要領で仕訳を考える。

Step 1 通常どおり、その他有価証券を時価に修正する仕訳を考える。

Step 2 仕訳の反対側は、税率分だけ繰延税金資産・繰延税金負債などで処理、残りをその他有価証券評価差額金で処理する。

解答
×30%

借方科目	金　額	貸方科目	金　額
その他有価証券	2,000	繰延税金負債	600
		その他有価証券評価差額金	1,400

×70%

②翌期首

その他有価証券の時価評価は、「洗替法」（翌期首に元の取得原価に戻す）によるため、前期末決算時の逆仕訳を行います。

借方科目	金　額	貸方科目	金　額
繰延税金負債	600	その他有価証券	2,000
その他有価証券評価差額金	1,400		

第 11 章

連結会計

01 連結財務諸表の必要性

子会社を持っている企業は
グループ全体の連結財務諸表を作成します

　事業規模や事業範囲の拡大にともない、より効率的かつ効果的な経営政策の遂行などを目的に子会社を保有することがあります。

　第4章の「有価証券」でも学習しましたが、他の会社の経営を支配する会社を親会社といい、支配される会社を子会社といいます。親会社と子会社は、法律的にはそれぞれが独立した組織となりますが、経営実態としては**親会社を頂点とする企業グループ全体で一体となって事業を遂行**しています。あくまでグループ全体で利益を獲得するべく活動している以上、グループ全体での経営成績・財政状態を明らかにしたほうがよりよく実態の把握に役立ちます。

　このような理由から、複数の企業によって形成される企業グループ（企業集団といいます）を一つの会社とみなして、**グループ全体の経営成績・財政状態を明らかにする**ために作成するのが連結財務諸表です。

　なお、これまで皆さんが学習してきたのは**企業単位で作成する財務諸表**が対象でしたが、これを個別財務諸表といいます。連結財務諸表と混同しないように注意してください。

純資産の構成が異なる個別貸借対照表と連結貸借対照表

　連結財務諸表の作成・開示は親会社が担うので、皆さんは**親会社の立場**で作業を進めることになります。また、連結財務諸表のひな形は、従来の個別財務諸表と基本的に同様ですが、一部特殊な表示を行う部分もあります。

　連結貸借対照表は、**純資産の部の構成が個別貸借対照表と大きく異なります**。なお、連結会計上は連結株主資本等変動計算書も作成の対象となりますが、上記のとおり、連結貸借対照表の純資産の部に合わせて作成することとなります。

◎ 連結損益計算書の例

損 益 計 算 書

自令和 ×年 ×月 ×日　至令和 ×年 ×月 ×日

I	売上高	20,000
II	売上原価	14,000
	売上総利益	6,000
III	販売費及び一般管理費	
	省略	2,600
	営業利益	3,400
IV	営業外収益	
	省略	500
V	営業外費用	
	省略	1,300
	経常利益	2,600
VI	特別利益	
	省略	50
VII	特別損失	
	省略	250
	税金等調整前当期純利益	2,400
	法人税等	900
	当期純利益	1,500
	非支配株主に帰属する当期純利益	300
	親会社株主に帰属する当期純利益	1,200

個別 P/L と異なり内訳を示さない

構成をしっかり押さえておきましょう！

名称が異なる

連結特有の利益

◎ 連結貸借対照表の例 (純資産の部のみ抜粋)

純 資 産 の 部

I		株主資本	
	1	資本金	15,000
	2	資本剰余金	5,000
	3	利益剰余金	3,500
		株主資本合計	23,500
II		その他の包括利益累計額	
	1	その他有価証券評価差額金	800
		その他の包括利益累計額合計	800
III		非支配株主持分	4,800
		純資産合計	29,100

個別 B/S と異なり内訳を示さない

名称が異なる

連結特有の科目

連結財務諸表は、親会社と子会社の個別財務諸表に基づいて作成されます。
つまり、**連結会計には「会計帳簿」が存在しない**のです。

　毎年作成される連結財務諸表は、その年に親会社と子会社がそれぞれ作成
した個別財務諸表を①**単純合算**し、②**合算された個別財務諸表に一定の修正
仕訳**（これを連結修正仕訳という）**を加える**ことで行います。

　なお、これらの一連の処理は、連結精算表という書面のうえで行います。

連結修正仕訳を正確に

　受験簿記上、連結財務諸表の基礎データとなる親会社・子会社の個別財務
諸表は、通常、問題資料として与えられることになります。

　そのため、連結会計の主たる学習内容は、合算後の個別財務諸表データに
加える連結修正仕訳を正確に起こせるようになることにつきます。

連結修正仕訳は正確さが
求められます！

ワンポイント

連結会計に帳簿は存在しない

連結会計は、親会社と子会社が毎年作成する個別財務諸表を基礎に
実施されるため、帳簿は存在しません。また、上記作業は「連結精
算表」という書面上で実施されます。

⬭ 連結財務諸表作成のステップ

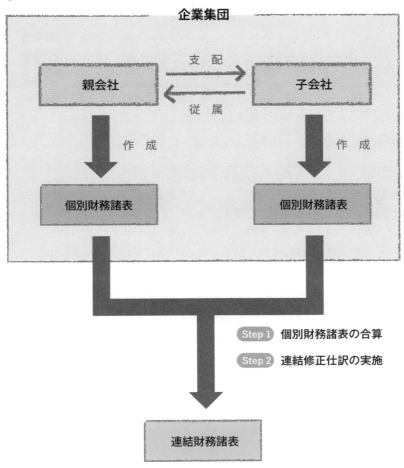

企業集団

| 親会社 | → 支配 → | 子会社 |

従属

親会社 —作成→ 個別財務諸表

子会社 —作成→ 個別財務諸表

Step 1 個別財務諸表の合算

Step 2 連結修正仕訳の実施

連結財務諸表

連結会計に帳簿は
ありません！

連結財務諸表の作成手順②

連結財務諸表はどのように作成するのか、
順を追って学んでいきましょう

　親会社は子会社に対する支配権を得るために、必ず株式取得を行いますが、その際の親会社側の仕訳は以下のようになります。

借方科目	金　額	貸方科目	金　額
子会社株式	×××	現金預金	×××

子会社への投資

　また、子会社側では親会社から出資を受けて株式を発行した際に以下のような仕訳をしています。

借方科目	金　額	貸方科目	金　額
現金預金	×××	資　本　金	×××

子会社の資本

投資と資本の相殺消去

　上記の前提から、親会社の個別貸借対照表と子会社の個別貸借対照表を単純に合算すると、資産として子会社株式が計上され、純資産には子会社の資本金などが計上されます。

　しかし、これら項目は単に企業集団内部での資金の移動を示すにすぎないため、連結貸借対照表を作成するうえでは消去する必要があります。

親会社　　　　個別 B/S

諸資産	諸負債
子会社株式 20,000	資本金 利益剰余金

子会社　　　　個別 B/S

諸資産	資本金 20,000

投資と資本の相殺消去①

以下の資料に基づいて、必要な連結修正仕訳を示しなさい。
① 当社（以下 P 社とする）は ×2 年度末に既存企業の S 社が発行する株式
100％を 25,000 円で取得した。

P 社	個別 B/S			S 社	個別 B/S		
諸資産	52,000	諸負債	25,000	諸資産	30,000	諸負債	8,000
子会社株式	25,000	資本金	35,000			資本金	12,000
		資本剰余金	12,000			資本剰余金	6,000
		利益剰余金	5,000			利益剰余金	4,000
	77,000		77,000		30,000		30,000

② 連結上生じたのれんは 20 年で償却する。

① ×2 年度末：子会社に対する支配権獲得日

　子会社への支配権を取得した時点で連結会計は開始される。本問の場合、親会社が計上する投資（子会社株式）とこれに対応する支配権獲得日において計上されている子会社の資本を相殺する。なお、投資と資本に差額が生じる場合には、「のれん」で処理をしていく。

相殺時の差額は「のれん」で処理します！

借方科目	金　額	貸方科目	金　額
資 本 金	12,000	子会社株式	25,000
資本剰余金	6,000		
利益剰余金	4,000		
の れ ん	3,000		

② ×3 年度末：のれんの償却

　前期に計上した連結上の「のれん」は、無形固定資産であるため個別会計上と同じ要領で償却する。

$$3,000 円 ÷ 20 年 = 150$$

借方科目	金　額	貸方科目	金　額
のれん償却	150	の れ ん	150

● 連結修正仕訳

借方科目	金　額	貸方科目	金　額
資　本　金	20,000	子会社株式	20,000

　なお、上記仕訳は子会社設立と同時に株式を取得した場合を前提としていますが、既存企業の株式を、第三者を経由して取得する場合もあります。このような場合には、**親会社の投資に対する子会社の資本は株主資本全体であると考えて処理**します。

連結２年度以降の処理

　ここまで確認してきた連結修正仕訳は、すべて連結精算表のうえで行われるものであり、一切親会社及び子会社の会計帳簿には反映されません。このため、連結２年度以降は、まず前期に行っていた連結修正仕訳を再び行うことになります。これを開始仕訳といいます。そのため、連結２年度以降はまず**開始仕訳を行った後に、その年度に必要となる連結修正を行います。**

● 連結修正仕訳

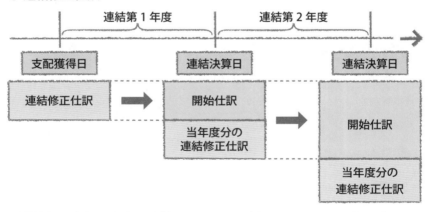

　開始仕訳自体は過去の連結修正仕訳と同様に行いますが、純資産の科目は株主資本等変動計算書に前期末のデータが「資本金当期首残高」などの科目で記載されているため、これを用いて仕訳します。

◎ 投資と資本の相殺消去②

以下の資料に基づいて、必要な連結修正仕訳を示しなさい。
① 当社（以下 P 社とする）は ×2年度末に既存企業の S 社が発行する株式 80%を 25,000 円で取得した。

P 社	個別 B/S		
諸資産	52,000	諸負債	25,000
子会社株式	25,000	資本金	35,000
		資本剰余金	12,000
		利益剰余金	5,000
	77,000		77,000

S 社	個別 B/S		
諸資産	30,000	諸負債	8,000
		資本金	12,000
		資本剰余金	6,000
		利益剰余金	4,000
	30,000		30,000

① ×2年度末：子会社に対する支配権獲得日

　本問の場合、子会社株式の 80%を取得することで子会社に対する支配権を確立している。このように、100%未満の株式取得を通じて子会社化した場合には、投資と資本の相殺消去で注意が必要。具体的には、連結修正仕訳を行うにあたり、親会社が計上する投資（子会社株式）に対応する子会社の資本は子会社資本全体の 80%のみであり、20%は親会社以外の株主に帰属する部分であるため相殺できないことに注意が必要だ。この親会社以外の株主に帰属する部分は、投資と資本の相殺消去に併せて「非支配株主持分」に振替える。

100%未満の株式取得では「非支配株主持分」が生じます！

資本合計 22,000×80%
＝17,600

借方科目	金　額	貸方科目	金　額
資 本 金	12,000	子会社株式	25,000
資本剰余金	6,000	非支配株主持分	4,400
利益剰余金	4,000		
の れ ん	7,400	×20%	

※のれん 7,400 ＝ 子会社資本 22,000 × 0.8 － 投資 25,000

● 前期の仕訳

借方科目	金　額	貸方科目	金　額
資本金	×××	子会社株式	×××
利益剰余金	×××	非支配株主持分	×××
の れ ん	×××		

● 開始仕訳

借方科目	金　額	貸方科目	金　額
資本金当期首残高	×××	子会社株式	×××
利益剰余金当期首残高	×××	非支配株主持分当期首残高	×××
の れ ん	×××		

連結会社取引の相殺

　親会社と子会社の間で行われた取引やこれにともなって生じた債権・債務はすべて企業集団内部の取引となるため、**連結財務諸表の作成上、消去**します。代表的な消去対象は以下のとおりです。

　連結損益計算書上、売上原価は内訳の開示がなされません。売上原価の計算要素に該当する項目を修正する際は、売上原価に置き換えて仕訳をします。

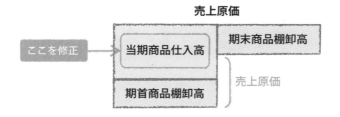

◎ 連結会社間取引相殺の具体例①

親会社は当期中に子会社に対して商品 2,500 円を売上げていた。なお、親会社の個別 B/S には子会社に対する売掛金 300 円、受取手形 200 円が計上されている。

● 連結修正仕訳

借方科目	金　額	貸方科目	金　額
売 上 高	2,500	売上原価	2,500
買 掛 金	300	売 掛 金	300
支払手形	200	受取手形	200

◎ 連結会社間取引相殺の具体例②

親会社は ×1 年 7 月 1 日に子会社に対して 12,000 円の貸付を行った。貸付条件は期間 5 年、年利率 3 ％、利払日は毎年 6 月及び 12 月末である。なお、親会社・子会社とも決算日は 3 月 31 日である。

● 連結修正仕訳

借方科目	金　額	貸方科目	金　額
長期借入金	12,000	長期貸付金	12,000
受取利息	270	支払利息	270
未払利息	90	未収利息	90

※1：本問の貸付金は期間が 5 年であるため、個別貸借対照表には「長期貸付金」「長期借入金」で開示されているためこれを用いて仕訳する。
※2：受取利息等の計上額は以下のとおり。

×1 年 12 月 31 日受払額 （×1 年 7/1 ～ ×1 年 12/31 分）	12,000×3%×6 ヶ月 /12 ヶ月 ＝180
×2 年 3 月 31 日見越額 （×2 年 1/1 ～ ×2 年 3/31 分）	12,000×3%×3 ヶ月 /12 ヶ月 ＝90
合計	270

借入金（貸付金）をなくすので、これに関連する利息も消去！

未実現利益消去

　企業集団内部で商品売買された場合、その商品が期末までに未販売である場合には未実現利益（お金の裏付けのない利益）が計上されることとなるため、連結修正でこれを消去しなくてはなりません。

● **未実現利益が生じない場合**

　上記の場合、親会社が子会社に販売した商品が外部に販売済みです。この場合、企業集団外部より230円の入金が生じます。よって、親会社及び子会社が計上した利益はお金の裏付けがある利益のため調整は不要となります。

● **未実現利益が生じる場合**

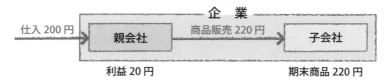

　上記の場合、親会社が子会社に販売した商品が外部に販売されずに子会社の期末商品となっています。このような場合、企業集団には外部から入金が生じないため、**親会社が計上した利益はお金の裏付けがない未実現利益**となります。よって、**連結上はこれを消去するとともに、子会社の期末商品に加算されている未実現利益も消去**します。

連結修正で未実現利益を消去します！

◎ **未実現利益**の消去

以下の資料に基づいて、必要な連結修正仕訳を示しなさい。

親会社は当期において子会社に対して商品を販売している。当期末において、子会社の期末商品には親会社から仕入れた商品 8,000 円が含まれていた。なお、親会社が子会社に商品を販売する際の利益率は毎期 20% である。

子会社にとっての買値は親会社の売値です！

● 連結修正仕訳

借方科目	金　額	貸方科目	金　額
売上原価	1,600	商　品	1,600

※消去する未実現利益：8,000× 利益率 20%＝1,600

期末商品のデータは貸借対照表のみならず、損益計算書の売上原価にも反映されている。これらに含まれる未実現利益を消去する仕訳を通じて、連結財務諸表から未実現利益を排除することとなる。

ワンポイント

「ダウン・ストリーム」と「アップ・ストリーム」

本問のように親会社から子会社に商品を販売する形態を「ダウン・ストリーム」と言いますが、子会社から親会社に商品を販売する形態の「アップ・ストリーム」も存在します。未実現利益消去に係る基本的なスタンスは変わらないものの、アップ・ストリームの場合にはさらに行うべき仕訳が追加されることになります。学習進捗後にはこれら応用的論点まで確認してみましょう。

PART 2

工業簿記

PART 2では、日商簿記検定 2 級から新たに追加される「工業簿記」の基幹となる論点について確認していきます。工業簿記では商業簿記よりも計算力が問われる論点が増えますが、実は、多くの受験生にとって "得点源" となる科目でもあります。最初のうちは、少々なじみにくいところもあるかもしれませんが、まずはチャレンジし、こなしていきましょう！

第 1 章

工業簿記と原価計算

製造業などでは、製品を自社で製造する
という社内の活動が加わります

　日商簿記検定2級から学習対象となる工業簿記とは、主として製造業において適用される簿記であり、これまで学習してきた商業簿記とは大きくその内容が異なります。というのも、商業簿記の適用対象企業は販売目的の「商品」はあくまで外部から仕入れてくるだけですから、社内でこれを加工するなどの活動が存在しませんが、製造業では販売目的物（これを製品と呼ぶ）を自社で製造するという社内での活動が加わるからです。以下の比較を用いて、これから学習する工業簿記のポイントを明確にしていきましょう。

外部との取引で完結する商業簿記

　主たる活動（商品売買活動）のほとんどすべてが企業外部の取引先と行う外部活動により構成されることとなります。

　上記のように、外部の仕入先から販売目的の商品を2,000円で仕入れ、その商品を外部の取引先に2,500円で販売した場合、この取引内容に基づき損益計算書を作成すれば下記のとおりとなります。

	損　益　計　算　書	（単位：円）
Ⅰ	売　上　高	2,500
Ⅱ	売　上　原　価	2,000
	利　　　益	500

　このように、商業簿記では、比較的容易に金額決定ができ、利益計算も容易に行えます（実際には諸々の処理も入るのでここまで簡単ではない）。

企業内部での製造活動が加わる工業簿記

　これに対して、製造業の場合はここまで容易に利益計算を行うことはできません。製造業の場合、主たる営業活動（製品製造活動及び販売活動）に関し、企業内部での製造活動が加わることになり、この扱いが重要になります。

　仮に当社がパンを作っている会社だとした場合、外部の仕入先からはパン作りに使う小麦粉や牛乳などの材料を仕入れ、これを社内で加工し、パンを作り上げます。そして、でき上がったパンを外部の得意先などに販売します。このとき、外部の仕入先から材料を仕入れた値段が 1,000 円、でき上がったパンの売値が 5,000 円であった場合の関係図等は以下のようになります。

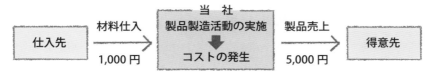

　上記の資料のみで損益計算書を作成した場合、以下のようになります。

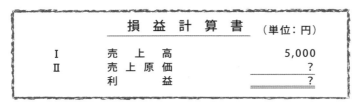

　上記では、材料の仕入れにかかった金額 1,000 円は判明していますが、これだけを「売上原価」として取扱うのは不合理です。なぜなら、当社は材料を仕入れた後のパン作りの過程で職人さんに働いてもらうための給料や、オーブンを動かすためのガス代などのコストが発生します。これらを正確に計算し、自社の製品が 1 ついくらでできたのかを把握しなければ、売上原価の把握はできません。そのため、製造業において利益の計算を行うためには**製品 1 つあたりの元値の把握が必要**となります。

　したがって、**工業簿記における主たる学習論点は、製品の製造原価（製品が 1 ついくらでできたのか）を計算すること**であるといえます。

02 工業簿記と原価計算

原価計算や記帳を行うにあたって
重要になる前提を覚えておきましょう

前述したとおり、工業簿記の主要な学習内容は、**製品製造原価の計算及び記帳**となりますが、この製造原価を計算する手続を原価計算といいます。

工業簿記の世界では、以下の前提に基づき、原価計算及び記帳を行っていきます。

原価計算期間は暦月の１ヶ月

製品を製造するために生じた各種のコストを集計し、製品の製造原価を計算する期間のことを原価計算期間といいます。**日商簿記検定２級の受験上、特に指示がない限り原価計算期間は暦月の１ヶ月**です。

製品作りを行う過程では、諸々のコストが発生しますから、少なくとも月１回はそれらの発生状況を把握し、製造原価の把握をしておかないと材料の高騰などが生じた際の対応が遅くなり、企業経営に多大な悪影響が生じかねません。したがって、**製造原価の計算を毎月行うのが基本**になります。

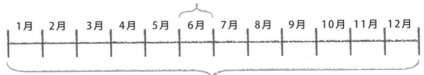

原価計算期間

| 1月 | 2月 | 3月 | 4月 | 5月 | 6月 | 7月 | 8月 | 9月 | 10月 | 11月 | 12月 |

会計期間

原価計算は毎月行う
のが基本です！

各原価計算期間の処理の流れ

それぞれの原価計算期間においては、以下のように処理を進めていきます。

● 各原価計算期間における処理の流れ

各月に発生した原価の把握

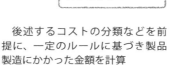

処理の流れを頭に入れましょう！

原価計算の技法を用いて製品製造原価を計算

後述するコストの分類などを前提に、一定のルールに基づき製品製造にかかった金額を計算

工業簿記の技法を用いて製造原価等を記録

原価計算の結果をしっかり記録します。

原価の分類

原価計算の実施上、以下の2つの視点で物作りにかかった金額（製造原価）の分類を行います。

ⅰ．形態別分類（何を使った結果生じた原価か？）

① 材料費…物
② 労務費…人（労働力）
③ 経　費…上記以外のすべて

一般に、材料費及び労務費は金額が大きく、また個別に把握がしやすいために分離して把握されます。

ⅱ．製品との関連による分類

① 製造直接費…特定の製品を製造するためだけに生じた原価
② 製造間接費…複数の製品に共通して生じる原価

1 工業簿記と原価計算
2 個別原価計算
3 総合原価計算
4 標準原価計算
5 直接原価計算
6 製造業の財務諸表

例えば、あんパンを作るためのあんこ代は製造直接費、あんパンとクリームパンを一緒に焼くためのオーブンで使用するガス代は製造間接費となります。

製造原価の算定に関しては、上記2分類を考慮して以下のように原価を分類し、製造原価の計算に用います。

● 原価の分類のまとめ

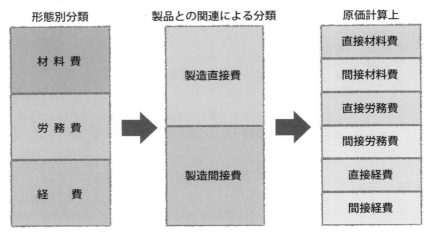

形態別分類	製品との関連による分類	原価計算上

今後の学習にあたり、上記の原価分類が基礎知識となります。大前提の知識として、しっかり把握しておきましょう。

パン屋さんなどを例にして上の図にあてはめてみましょう！

原価計算上の取扱い

上記の原価分類に基づいて、製品製造原価の算定を行っていきますが、その際の基本的な取扱い方法は以下のとおりです。

製造直接費　⇒　各製品の原価とするべく 直課する。
製造間接費　⇒　各製品の原価とするべく配賦する。

直課（賦課）とは、**各製品に直接割り当てる**行為です。配賦とは、**一定の合理的基準に基づき各製品に割り振る**行為です。

1 工業簿記と原価計算

2 個別原価計算

3 総合原価計算

4 標準原価計算

5 直接原価計算

6 製造業の財務諸表

◎ 原価計算の基本

以下の資料に基づいて、当月に制作した製品A・製品Bの製造原価を計算し、原価計算表（製品ごとの製造原価集計表）を作成しなさい。

【資料1】当月の製造直接費

各製品を製造するために使用した材料

・材料a：10,000円（製品Aに使用）・材料b：20,000円（製品Bに使用）

各製品を製造するために、時給3,000円の職人が作業した直接時間

・製品A：5時間作業　　　・製品B：10時間作業

【資料2】当月の製造間接費

2つの製品を製造するために使用した機械の燃料代90,000円

なお、製造間接費の配賦は、上記の直接作業時間を基準に行う。

原 価 計 算 表

	製品A	製品B
直接材料費	10,000	20,000
直接労務費	15,000	30,000
直接経費	—	—
製造間接費	30,000	60,000
合　計	55,000	110,000
備　考	完　成	完　成

各金額の計算内容は以下のとおり。

● 直接労務費

製品A：時給3,000円 × 直接作業時間5時間 ＝ 15,000円

製品B：時給3,000円 × 直接作業時間10時間 ＝ 30,000円

● 製造間接費の配賦額

製品A：90,000円 × $\dfrac{製品Aの直接作業時間5時間}{直接作業時間15時間}$ ＝ 30,000円

製品B：90,000円 × $\dfrac{製品Bの直接作業時間10時間}{直接作業時間15時間}$ ＝ 60,000円

上記の計算結果を受け、次に工業簿記の技法を用いて記録する。

03 工業簿記と勘定連絡図

工業簿記では、製品作りの流れに
合わせて仕訳を行い、記録します

工業簿記の場合、以下の勘定連絡図に基づき記録を行います。

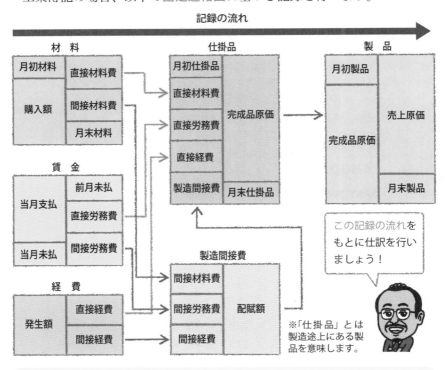

- **Step 1** 今月の材料費・労務費・経費の消費額を計算。
- **Step 2** 当該消費高のうち、製造直接費を「仕掛品」勘定へ振替えるとともに、製造間接費を「製造間接費」へ振替える。
- **Step 3** 製造間接費勘定に集計された間接材料費・間接労務費・間接経費の合計額が今月の配賦計算の対象となるため、配賦額の計算を行い仕訳する。
- **Step 4** ここまでの作業で当月のすべての原価が「仕掛品」勘定に集まるので、完成品原価を計算し、「製品勘定」へ振替える。
- **Step 5** 製品勘定で売上原価の算定を行う。

各 Step における仕訳の概要は以下のとおりです。

Step 2 の仕訳

● 製造直接費に関する仕訳

借方科目	金　額	貸方科目	金　額
仕 掛 品	×××	材　　料	×××
		賃　　金	×××
		経　　費	×××

● 製造間接費に関する仕訳

借方科目	金　額	貸方科目	金　額
製造間接費	×××	材　　料	×××
		賃　　金	×××
		経　　費	×××

Step 3 の仕訳

配賦計算が終了した製造間接費を仕掛品に振替えます。

借方科目	金　額	貸方科目	金　額
仕 掛 品	×××	製造間接費	×××

Step 4 の仕訳

以下の要領で当月の完成品原価を計算し、「製品勘定」へ振替える。
月初仕掛品原価＋当月総製造費用－月末仕掛品原価＝完成品原価

借方科目	金　額	貸方科目	金　額
製　　品	×××	仕 掛 品	×××

Step 5 の仕訳

当月の売上原価を計算し、「売上原価」勘定へ振替える。
月初製品原価＋当月完成品原価－月末製品原価＝売上原価

借方科目	金　額	貸方科目	金　額
売上原価	×××	製　　品	×××

1 工業簿記と原価計算

2 個別原価計算

3 総合原価計算

4 標準原価計算

5 直接原価計算

6 製造業の財務諸表

「労務費」と「人件費」の違い

コラム

工業簿記の学習を始めると、製造業特有の用語や勘定科目に戸惑いを覚える人が多いのですが、その中でもよくある質問に、「労務費」と「人件費」の違いがあります。両者は同じもののように見えて、工業簿記の学習上では明確に区分する必要があるものです。

端的にいうと、「人件費」とは、会社全体で生じる給料・法定福利費などの総称であるのに対し、「労務費」とは、特に製造現場（≒工場）で発生する人件費を指します。例えば、本社と販売店舗と工場の３つの拠点を設けて事業を営む会社がある場合、店舗や本社で生じる給料などの費用は企業にとっての人件費ではありますが、製品を製造するために必要なものではないので「労務費」にはなりません。あくまで「労務費」とは、製品製造のために必要な人件費を指すため、工場という物作りを行うエリアで生じるもののみが該当します。

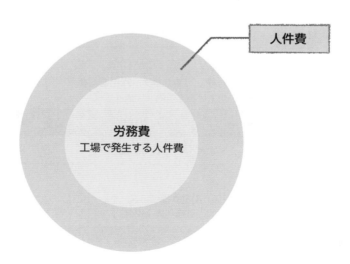

第 2 章

個別原価計算

01 個別原価計算とは？

この章では、個別受注生産形態の
製造業を前提にその特性を見ていきます

一口に製造業といっても、その内容は製品の特性により異なります。

オーダースーツのように、顧客の求めに応じて一つひとつ異なる仕様の製品を作り上げる「個別受注生産」形態のメーカーもあれば、規格品を販売見込に基づき生産する「見込生産」形態のメーカーもあります。

両者は原価の発生形態などに違いがあるため、**製造原価の計算手順も異なります**。

個別受注生産形態の製造業で行う原価計算を個別原価計算といいます。

個別原価計算の適用企業では、顧客から注文が入るとその注文ごとに製造指図書という書類が発行され、この製造指図書ごとに製造原価の計算・集計が行われます。

各注文製品にかかった原価は、原価計算表に集計して把握します。

● 原価計算表の一例

原 価 計 算 表

	製造指図書No. 1	製造指図書No. 2	合　計
直接材料費	10,000	20,000	30,000
直接労務費	15,000	30,000	45,000
直接経費	—	—	0
製造間接費	30,000	60,000	90,000
合　計	55,000	110,000	165,000
備　考	完　成	完　成	—

◎ 個別原価計算の基本

以下の資料に基づいて、原価計算表を作成しなさい。なお、当月に製造した製品は製造指図書No.101～No.103の3つのみであり、No.101だけが前月に製造着手しており前月に生じた製造原価1,000円が繰越されている。

【資料1】 当月の製造直接費
① 当月に生じた直接材料費2,000円の内訳

製造指図書No.101	製造指図書No.102	製造指図書No.103
800円	700円	500円

② 当月に生じた直接労務費3,500円の内訳

製造指図書No.101	製造指図書No.102	製造指図書No.103
2,100円	1,050円	350円

③ 当月に生じた直接経費400円の内訳

製造指図書No.101	製造指図書No.102	製造指図書No.103
200円	130円	70円

【資料2】 当月の製造間接費
今月の間接材料費・間接労務費・間接経費の合計は5,000円である。なお、以下のとおり各製造指図書に配賦する。

製造指図書No.101	製造指図書No.102	製造指図書No.103
2,500円	1,500円	1,000円

【資料3】 その他
当月末までにNo.103を除く製品が完成している。

原 価 計 算 表

	製造指図書No.101	製造指図書No.102	製造指図書No.103
前月繰越	1,000	―	―
直接材料費	800	700	500
直接労務費	2,100	1,050	350
直接経費	200	130	70
製造間接費	2,500	1,500	1,000
合　計	6,600	3,380	1,920
備　考	完　成	完　成	未 完 成

　上記のとおり、製造直接費は特定の製品を製造するため消費されるものなので、原価計算上は容易に対応が可能となる。

配賦がポイントです！

02 製造直接費の計算

製造直接費の各要素を
それぞれ計算していきましょう

　製造直接費に該当する各要素（直接材料費・直接労務費・直接経費）の消費高算定は、それぞれ以下のように行います。

①直接材料費等の計算

　まず、各月の材料消費高の計算は以下の要領で行います。

> 月初材料棚卸高 ＋ 当月仕入高 － 月末材料棚卸高 ＝ 当月材料消費高

　上記材料消費高のうち、**特定の製品を製造するためにかかった金額が直接材料費、それ以外が間接材料費**となります。

◎ 材料費の計算

> 以下の資料に基づき、当月の直接材料費・間接材料費を求めなさい。なお、月末在庫の計算には平均法を適用すること。
>
> | | | | | | |
> |---|---|---|---|---|---|
> | 月 初 有 高 | @200 円 | × | 10 個 | = | 2,000 円 |
> | 当 月 購 入 | @240 円 | × | 90 個 | = | 21,600 円 |
> | | | | | | 23,600 円 |
> | 当月消費数量 | | | 80 個 | | |
> | 月 末 有 高 | | | 20 個 | | |
>
> なお、当月消費数量のうち、特定の製品を製造するために消費したのが 60 個であり、残りは間接材料として消費した。

解答

直接材料費　　<u>14,160 円</u>　　　　間接材料費　　<u>4,720 円</u>

計算

　まずは材料全体の平均単価を特定する。平均法とは簿記 3 級で学習した移動平均法と同様に、月初有高と当月購入の平均単価を求めて消費高の計算を行う方法である。

$$\text{平均単価：} \frac{@200 \text{円} \times 10 \text{個} + @240 \text{円} \times 90 \text{個}}{10 \text{個} + 90 \text{個}} = @236 \text{円}$$

1 工業簿記と原価計算

2 個別原価計算

3 総合原価計算

4 標準原価計算

5 直接原価計算

6 製造業の財務諸表

$$当月材料費：消費数量 80 個 × @236 円 ＝ 18,880 円$$

上記のうち、特定製品の製造に消費した 60 個分が直接材料費となる。

$$直接材料費：@236 円 × 60 個 ＝ 14,160 円$$

②直接労務費等の計算

　当月の人件費を計算します。この際に問題となるのが、**原価計算期間と給与計算期間の相違**です。例えば、給与計算期間が毎月 20 日締め 25 日払いの場合、当月に支払う給料は当月の人件費ではありません。そのため、今月支払った給料を以下の要領で当月消費高に修正する必要が生じます。

$$当月消費高 ＝ 当月支払額 － 前月未払 ＋ 当月未払$$

◎ **当月（7 月）の労務費消費高の算定**

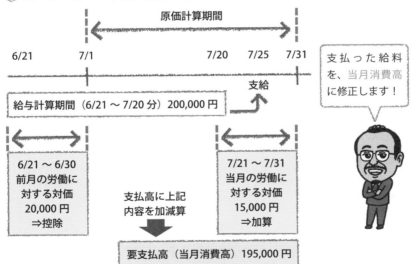

③直接経費等の計算

　経費は、**各種項目に見越・繰延などの手続を行って消費高を計算**します。

直接経費	特許権使用料・外注加工賃
間接経費	減価償却費・水道光熱費・支払保険料など

03 製造間接費の計算

製造間接費の配賦には実際配賦と予定配賦が
ありますが、予定配賦が原則です

　製造間接費の配賦にあたっては、毎月実際に発生した製造間接費に基づき
行う実際配賦と、過去の経験から発生すると見込んだ製造間接費（これを製
造間接費予算という）に基づき配賦を行う予定配賦の2つの方法が存在し
ます。

　製造間接費は間接材料費・間接労務費・間接経費の合計なので、実際に生
じた製造間接費が確定するまでにはかなりの時間がかかります。そのため、
実際配賦を行うと製品の製造原価計算がなかなか進みません。そこで、**製造
間接費予算に基づいて配賦を行う予定配賦が原則**となります。

予定配賦の流れ

　予定配賦を行う場合、期首の時点で年間に予想される直接作業時間や機械
作業時間などを予想し（これを基準操業度という）、当該作業時間等と過去
の経験から発生が見込まれる製造間接費予算を策定します。

● 予定配賦の作業の流れ

期　首	当期の基準操業度に基づき、当期の製造間接費発生予想額（製造間接費予算）を決定。操業度単位あたりの製造間接費である予定配賦率を計算しておく。 $$予定配賦率 = \dfrac{製造間接費予算}{基準操業度}$$
期　中 （毎月の作業）	毎月の実際操業度が確定した時点で、予定配賦率に基づき予定配賦額を計算する。 予定配賦額 ＝ 予定配賦率 × 実際操業度
毎 月 末	製造間接費の実際発生額が確定したら、当該実際発生額と予定配賦額を比較して「製造間接費配賦差異」を把握する。

◎ 製造間接費予定配賦率の計算

以下の資料に基づき、①直接作業時間を基準操業度とした場合の予定配賦率、②機械作業時間を基準操業度とした場合の予定配賦率をそれぞれ計算しなさい。
【資料】各基準操業度とその際に発生が見込まれる製造間接費予算
・年間予定直接作業時間：1,200 時間（製造間接費予算は 69,600 円）
・年間予定機械作業時間：1,020 時間（製造間接費予算は 61,200 円）

解答

①の場合　　　　　 58 円 / 時間　　　 ②の場合　　　　　 60 円 / 時間

各金額の計算内容は以下のとおりである。

①直接作業時間を基準操業度とした場合

$$\frac{\text{年間製造間接費予算 69,600 円}}{\text{基準操業度 1,200 直接作業時間}} = 58 \text{ 円 / 時間}$$

②機械作業時間を基準操業度とした場合

$$\frac{\text{年間製造間接費予算 61,200 円}}{\text{基準操業度 1,020 機械作業時間}} = 60 \text{ 円 / 時間}$$

> 試験では、指示された基準操業度に基づいて計算します！

試験では、問題の指示に基づいて解答する

いかなる数値を基準操業度に選択するかは、企業の判断となります。簿記2級では、予定配賦率の計算で用いる「製造間接費予算」と基準操業度は問題資料として与えられます。その指示に基づいて、実際の解答作業を進めていきましょう。

1 工業簿記と原価計算
2 個別原価計算
3 総合原価計算
4 標準原価計算
5 直接原価計算
6 製造業の財務諸表

◎ 製造間接費の予定配賦に係る基本事例

当工場では、製造間接費を機械作業時間に基づき予定配賦しており、製造間接費年間予算額は 61,200 円、年間予定機械作業時間は 1,020 時間である。また、当月の製造間接費実際発生額は 5,000 円であった。各製造指図書の機械作業時間が以下のとき、①製造間接費の予定配賦額を計算し、②予定配賦時の仕訳及び③製造間接費配賦差異を計上するときの仕訳を答えなさい。

製造指図書No.101	製造指図書No.102	製造指図書No.103
50 時間	20 時間	10 時間

① 各製造指図書の予定配賦額

製造指図書No.101	製造指図書No.102	製造指図書No.103
3,000 円	1,200 円	600 円

② 製造間接費予定配賦時の仕訳

借方科目	金　額	貸方科目	金　額
仕掛品	4,800	製造間接費	4,800

③ 製造間接費配賦差異計上時の仕訳

借方科目	金　額	貸方科目	金　額
製造間接費配賦差異	200	製造間接費	200

本問における計算作業等は以下のとおりである。

● 製造間接費予定配賦率の計算

$$\frac{\text{年間製造間接費予算 61,200 円}}{\text{基準操業度 1,020 機械作業時間}} = 60 \text{円} / \text{時間}$$

●各製造指図書に対する予定配賦額の計算
当月の実際機械作業時間が確定したら、予定配賦率を乗じて予定配賦額を計算する。

製造指図書No.	機械作業時間		予定配賦率		予定配賦額
No.101	50 時間	×	60 円 / 時間	=	3,000 円
No.102	20 時間	×	60 円 / 時間	=	1,200 円
No.103	10 時間	×	60 円 / 時間	=	600 円
					4,800 円

上記の予定配賦額が確定したら、各製品の配賦額は原価計算表に集計していく。

1 工業簿記と原価計算

2 個別原価計算

3 総合原価計算

4 標準原価計算

5 直接原価計算

6 製造業の財務諸表

原 価 計 算 表

	製造指図書No.101	製造指図書No.102	製造指図書No.103
前月繰越	×××	×××	×××
直接材料費	×××	×××	×××
製造間接費	3,000	1,200	600
合　　計	×××	×××	×××

その後は製造間接費配賦の仕訳を行う。なお、仕訳に際しては製品ごとの内訳は考えず、全体の合計額をもって仕訳する。

● 製造間接費配賦差異の把握と計上

製造間接費の予定配賦を行う場合、月末に製造間接費の実際発生額を把握し、予定配賦した金額との誤差である「製造間接費配賦差異」を把握・計上する。本問のように、予定配賦額が 4,800 円であるのに対し、実際発生額が 5,000 円である場合、製造間接費配賦差異が 200 円生じることとなるが、これは、製造間接費という費用が過去の経験に基づく予定額よりも 200 円超過したことを意味するため、「不利差異」という。

これは不利差異
ですね！

ワンポイント

「不利差異」と「有利差異」

不利差異とは当該誤差が利益に及ぼす影響を示す表現で、予定よりコストが増加したことで利益にマイナスの影響が生じたことを意味します。不利差異は必ず借方に仕訳されるため、借方差異ともいいます。予定配賦額よりも実際発生額が少ない場合、過去の経験に基づく予定値よりも実際の製造間接費が安くすんだことになるため、有利差異（または貸方差異）と呼びます。

> 不利差異（借方差異）
> 　実際発生額が予定配賦額より多いときの誤差。
> 有利差異（貸方差異）
> 　実際発生額が予定配賦額より少ないときの誤差。

04 製造間接費配賦差異の分析

製造間接費配賦差異が起きた原因を差異分析で
把握し、コスト管理活動などに役立てます

　製造間接費の予定配賦を行った場合、月末に製造間接費配賦差異を把握することになります。なぜ製造間接費配賦差異が生じたのか、その原因を確かめるのです。

　製造間接費予算は過去の実績などに基づき発生が予想された額を意味するため、実際の製造間接費と誤差が生じてしまった原因を把握することにより、次月以降のコスト管理活動などに役立てていくのです。

　製造間接費配賦差異は、予算差異・操業度差異の2つに分類してその原因の特定を行います。これを差異分析といいます。

● 製造間接費配賦差異の分類

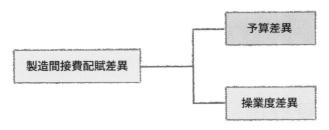

　差異分析を行うにあたっては、変動予算を前提とする方法と、固定予算を前提とする方法の2つの方法がありますが、受験上の出題頻度を考慮し、ここでは「変動予算」を前提に差異分析する方法を確認します。

変動予算（公式法変動予算）とは？

　変動予算とは、製造間接費を変動費と固定費に分類し、製造間接費予算を策定する方法です。ここでの変動費とは、燃料費やアルバイトとして雇用している従業員の給料など、操業度に応じて増減する原価をいいます。対して、固定費とは、減価償却費や保険料などのように、操業度とは無関係に一定額

1 工業簿記と原価計算

2 個別原価計算

3 総合原価計算

4 標準原価計算

5 直接原価計算

6 製造業の財務諸表

発生する原価（操業度の変化が生じても発生額が不変の原価）をいいます。

> ・変動費　⇒　操業度の変化に応じてその発生額が変化する原価。
> 　　　　　　　例：間接材料費・間接労務費等
> ・固定費　⇒　操業度の変化に関わりなく、毎期一定額発生する原価。
> 　　　　　　　例：減価償却費・賃借料等

　変動予算の場合、基準操業度における変動費と固定費の発生予定額を見積もることで製造間接費予算を策定します。

> **製造間接費予算 ＝ 変動費率 × 基準操業度 ＋ 固定費予算額**

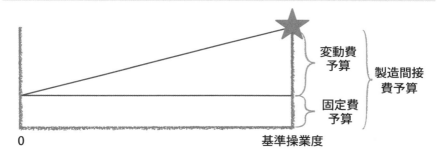

　なお、変動費予算と固定費予算を基準操業度で割ることで変動費率と固定費率を計算することができます。

> ・変動費率⇒操業度1単位あたりの変動費の金額。
> $$\frac{変動費予算}{基準操業度} ＝変動費率$$
> ・固定費率⇒操業度1単位あたりの固定費の金額。
> $$\frac{固定費予算}{基準操業度} ＝固定費率$$
> ※変動費率と固定費率の合計が予定配賦率になる。

　上記の前提に基づき、差異分析を行うことになりますが、各項目の計算方法等は以下のとおりです。

● **予算差異**

製造間接費の無駄遣いや節約がどの程度生じたのかを表します。具体的に

は、予算許容額と実際発生額との差額として把握します。

予算差異 ＝ 予算許容額 － 実際発生額

　予算許容額とは、「実際操業度において発生すると予想される製造間接費」
で、言い換えれば、「実際操業度においてその発生が許される製造間接費の額」
ということです。予算許容額は下記の要領で計算します。

予算許容額 ＝ 変動費率 × 実際操業度 ＋ 固定費予算額

● 操業度差異

　製造間接費の中でも、主として固定費の活用良否を把握するのが操業度差
異です。一般に固定費とは、生産設備（製品製造で使用する機械など）の維
持費である場合が多いです。つまり、基準操業度として設定した数値だけ作
業を行える状態を維持するためにかかるコストのイメージです。この前提に
立てば、固定費をフル活用するなら基準操業度まで仕事をすれば無駄は無い
ことになります。こういった観点から、固定費の活用良否を把握するのが操
業度差異です。

操業度差異 ＝ （実際操業度 － 基準操業度） × 固定費率

　変動予算による差異分析は、以下のような分析図を作成することで実施し
ていきます。

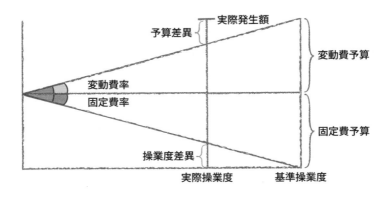

1 工業簿記と原価計算

2 個別原価計算

3 総合原価計算

4 標準原価計算

5 直接原価計算

6 製造業の財務諸表

◎ 製造間接費の差異分析

当工場では、製造間接費を機械作業時間に基づき予定配賦しており、製造間接費年間予算額は 61,200 円（うち変動費は 25,500 円、固定費は 35,700 円）、年間予定機械作業時間は 1,020 時間である。また、当月の製造間接費実際発生額は 5,000 円であり、各製造指図書の機械作業時間が以下のとおりである。

製造指図書No.101	製造指図書No.102	製造指図書No.103
50 時間	20 時間	10 時間

変動予算を前提として、製造間接費配賦差異を予算差異と操業度差異に分析しなさい。

順を追って分析していきましょう！

解答

製造間接費配賦差異の分析

製造間接費配賦差異	200 円（不利差異）
予算差異	25 円（不利差異）
操業度差異	175 円（不利差異）

計算

①当月に生じた製造間接費配賦差異を把握する

1．予定配賦率の計算

$$\frac{年間製造間接費予算 61,200 円}{基準操業度 1,020 機械作業時間} = 60 円 / 時間$$

2．予定配賦額の把握

製造指図書No.	機械作業時間		予定配賦率		予定配賦額
No.101	50 時間	×	60 円 / 時間	=	3,000 円
No.102	20 時間	×	60 円 / 時間	=	1,200 円
No.103	10 時間	×	60 円 / 時間	=	600 円
					4,800 円

3．製造間接費配賦差異の特定

予定配賦額 4,800 円 － 実際発生額 5,000 円 ＝ 配賦差異 200 円（不利差異）

②製造間接費配賦差異を分析する
　変動予算による分析が求められているため、以下に示すような分析図を作成して計算を進める。

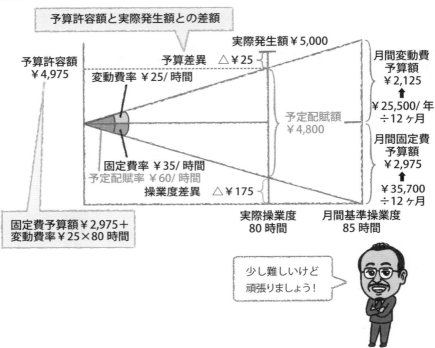

ワンポイント

当月発生の差異分析は資料を月ベースに修正

試験では、操業度や各予算などのデータは年間ベースで与えられることが多いですが、「当月発生」の差異を分析するにあたっては、必ず月ベースに修正（12ヶ月で割ればよい）します。分析図の作図、差異分析の際はこの点に注意しましょう。

第 3 章

総合原価計算

総合原価計算とは？

総合原価計算では、原価の発生の仕方に着目、
直接材料費と加工費に分類します

　これまでは、個別受注生産形態の製造業で適用される個別原価計算を学習してきましたが、ここからは規格品の大量見込生産を行う製造業で適用される総合原価計算を確認していきます。

　見込生産形態の製造業の場合、個別原価計算のように製品一つひとつの原価を計算する必要がなくなります。作り上げる製品は規格品であるため、すべて同じ材料を同じ量使用し、まったく同じ加工作業を行って生産されています。そのため、当月に製造した製品全体の原価を計算し、これを完成した数量等で割り算することで製品の原価を求めることになります。

総合原価計算における原価の分類

　個別原価計算の場合、製造直接費と製造間接費に原価を分類することが重要でしたが、総合原価計算では製品ごとに原価を計算するわけではありませんので、この分類の重要性は低くなります。

　総合原価計算では、「原価の発生の仕方」の違いに着目し、直接材料費と加工費に分類することが基本となります。

形態別分類		個別原価計算		総合原価計算
材料費	→	直接材料費	→	直接材料費
		間接材料費		
労務費		直接労務費		
		間接労務費		加工費
経　費		直接経費		
		間接経費		

原価の発生形態①　直接材料費の発生形態

　材料は製造工程（≒製造ライン）の始点で投入されるため、直接材料費は工程の始点で一括して発生します。製品製造では、材料を始めに投入して、その材料に加工を施すことで製品ができ上がります。つまり、始点で投入した材料を終点まで加工すれば完成品ができ上がり、**終点まで加工が終わっていないものが仕掛品となる**のです。

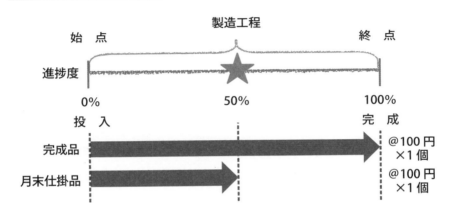

　ここで直接材料費に着目すると、完成品１個でも、月末仕掛品１個でも同じ量の材料が投入されているわけですから、どちらも１個あたりが負担する直接材料費は同じ金額となります。

　以上のことから、完成品と月末仕掛品とに直接材料費を按分するにあたり、両者の**実在量に基づき按分する**ことになります。

　実際の計算は下記のようなボックスを作成し、ここに必要なデータをまとめながら計算を進めていきます。

金　額	生産データ		金　額
月初仕掛品 ￥0	月初仕掛品数量 0 個	完成品数量 1 個	当月完成品 ￥100
当月投入 ￥200	当月投入数量 2 個	月末仕掛品数量 1 個	月末仕掛品 ￥100
￥200	2 個	2 個	￥200

1 工業簿記と原価計算
2 個別原価計算
3 総合原価計算
4 標準原価計算
5 直接原価計算
6 製造業の財務諸表

原価の発生形態②　加工費の発生形態

　加工費は、加工作業の進捗にともなって徐々に発生する原価であると仮定します。例えば、材料を加熱加工する場合、1時間しか加熱していないものに比べて、2時間加熱した場合の方がガス代などの光熱費も増加しますし、加熱作業を担う従業員の労務費も増加するのです。

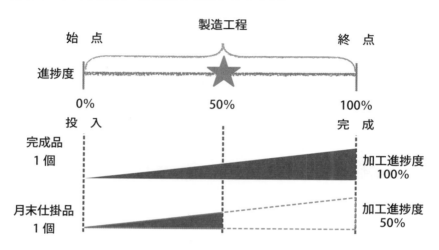

　このように、**加工費は加工進捗度が進むほど発生する原価**であるため、加工費を完成品と月末仕掛品に按分する際に、直接材料費のように実在量で按分するわけにはいきません。加工費の按分計算に際しては、その発生形態を考慮して完成品換算量の比に基づき按分計算を行います。完成品換算量とは、**完成品に置き換えると何個分に相当するかを示したもの**であり、以下の要領で計算します。

完成品換算量 ＝ 実在量 × 加工進捗度

加工進捗度の数値は、問題資料で与えられます！

1 工業簿記と原価計算

2 個別原価計算

3 総合原価計算

4 標準原価計算

5 直接原価計算

6 製造業の財務諸表

なお、加工進捗度とは、加工作業の進行程度を示した数値です。

実際の計算は下記のようなボックスを作成し、ここに必要なデータをまとめながら計算を進めていきます。

金　額	生産データ		金　額
月初仕掛品 ¥　0	月初仕掛品換算量 0 個	完成品換算量 1 個	当月完成品 ¥ 300
当月投入 ¥ 450	当月投入換算量 1.5 個 （差で算定）	月末仕掛品換算量 0.5 個	月末仕掛品 ¥ 150
¥ 450	1.5 個	1.5 個	¥ 450

加工費用の生産データボックスでは、当月投入換算量を差で算定します。

以上の前提に基づいて、総合原価計算の問題に対処していくこととなるのですが、実際に完成品原価等を計算する手順は以下のとおりです。

Step 1　問題資料に基づき生産データボックスを作成し、数量データと判明している金額データを記入する。

Step 2　月末仕掛品原価を計算する。

Step 3　完成品原価を差額で算定する。

なお、月末仕掛品原価を計算する方法には、「平均法」・「先入先出法」の2つの方法がありますが、いずれの方式によるかは問題指示に従うことになります。

ワンポイント

材料費・加工費の計算方法

基本的な計算方法は、以下のとおりです。

材料費……実在量に基づき実施する
加工費……完成品換算量に基づき実施する

総合原価計算の基本

以下の資料に基づいて、当月の月末仕掛品原価・完成品原価・完成品単位原価を計算しなさい。

【資料1】生産データ

月初仕掛品	1,000 個	(50%)
当月投入	7,500 個	
合　　計	8,500 個	
月末仕掛品	1,500 個	(60%)　　※( ) は加工進捗度を示す
完　成　品	7,000 個	

【資料2】原価データ

	直接材料費	加工費
月初仕掛品	192,500 円	139,800 円
当月投入	1,507,500 円	1,835,200 円

【資料3】その他

月末仕掛品の評価は平均法による。

解答

月末仕掛品原価	525,000 円
完成品原価	3,150,000 円
完成品単位原価	@450 円

● 直接材料費の計算

金　額	生産データ		金　額
月初仕掛品 ¥192,500	月初仕掛品数量 1,000 個	完成品数量 7,000 個	当月完成品 ¥1,400,000
当月投入 ¥1,507,500	当月投入数量 7,500 個	月末仕掛品数量 1,500 個	差額 月末仕掛品 ¥300,000
合　計　¥1,700,000	8,500 個	8,500 個	¥1,700,000

月末仕掛品：1,700,000 円 × 月末仕掛品 1,500 個 /8,500 個 = 300,000 円
完成品：1,700,000 円 − 月末仕掛品 300,000 円 = 1,400,000 円

● 加工費の計算

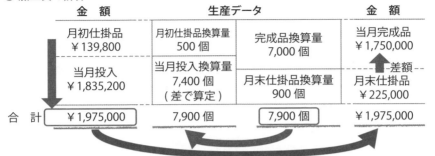

	金　額	生産データ	金　額

月末仕掛品：1,975,000 円 × 月末仕掛品 900 個 /7,900 個 ＝ 225,000 円
完成品：1,975,000 円 － 月末仕掛品 225,000 円 ＝ 1,750,000 円

まとめ

月末仕掛品：直接材料費 300,000 円 ＋ 加工費 225,000 円 ＝ 525,000 円
完成品：直接材料費 1,400,000 円 ＋ 加工費 1,750,000 円 ＝ 3,150,000 円
完成品単位原価：3,150,000 ÷ 完成品数量 7,000 個 ＝ @ 450 円

　なお、月末仕掛品原価等を「先入先出法」で計算する場合、優先的に月初仕掛品原価を完成させ、その後に当月投入分を完成させると仮定するため、常に月末仕掛品原価は当月投入分から生じることになる。
　本設例に先入先出法を適用した場合の計算は以下のとおり（ボックスは同じように作成する）。

● 直接材料費の計算

月末仕掛品：1,507,500 円×月末仕掛品 1,500 個 / 当月投入 7,500 個＝ 301,500 円
完成品：1,700,000 円－月末仕掛品 301,500 円＝ 1,398,500 円

● 加工費の計算

月末仕掛品：1,835,200 円×月末仕掛品 900 個 / 当月投入 7,400 個＝ 223,200 円
完成品：1,975,000 円－月末仕掛品 223,200 円＝ 1,751,800 円

　上記の計算結果を集計して解答とする。

1 工業簿記と原価計算
2 個別原価計算
3 総合原価計算
4 標準原価計算
5 直接原価計算
6 製造業の財務諸表

02 減損（仕損）の取扱い

仕損品によって生じた仕損費は、
原価計算上は減損と同様に扱います

　減損とは、製造途中において、材料が蒸発、飛散、煙化などによりなくなってしまう現象のことです。この減損が生じたことにより、会社がどれだけ損をしたのかを金額で表したものを減損費といいます。

　また、仕損とは、**製造途中で作業に失敗してしまうこと**をいいます。このとき、作業に失敗した不良品のことを仕損品と呼びます。

　仕損品が生じた場合、再び材料を投下し、製造が再開されますが、この仕損品が生じたことにより、会社がどれだけ損をしたのかを金額で表したものを仕損費といいます。

減損と仕損は基本は同じ

　減損と仕損はその発生形態など、細かいところでは違いがあるものの、投入した材料などが正常な製品として残らないという点からいえば同じであるため、**原価計算上は基本的に同じように取扱っていきます。**

　具体的には、**正常な製品を製造するためには減損費・仕損費は必要なコスト**であると考えて、自動的に完成品原価などに含まれるように計算します。ただし、仕損品には安い値段で売却できる場合もあるため、その場合には仕損費が売却代金だけ減少すると考えて処置をする必要が生じます。

　減損（仕損）は工程の始点から終点までいたるところで発生する可能性があります。減損費（仕損費）をどのように原価計算において取扱うのかは、**工程のどの地点で減損（仕損）が生じたのかによって異なります**が、ここでは基本的な取扱いを理解する観点から、工程終点で減損が発生した場合を例に確認していきます。

◎ 減損の基本処理

以下の資料に基づいて、当月の月末仕掛品原価・完成品原価・完成品単位原価を計算しなさい。

【資料1】生産データ

月初仕掛品	1,000 個	(50%)
当月投入	7,500 個	
合　計	8,500 個	
正常減損	500 個	※（ ）は加工進捗度を示す
月末仕掛品	1,500 個	(60%)
完成品	6,500 個	

【資料2】原価データ

	直接材料費	加工費
月初仕掛品	192,500 円	139,800 円
当月投入	1,507,500 円	1,835,200 円

【資料3】その他

・月末仕掛品の評価は平均法による。
・正常減損は工程終点で発生する。
・計算上生じる端数は小数点以下第2位を四捨五入する。

解答

月末仕掛品原価	525,000 円
完成品原価	3,150,000 円
完成品単位原価	@484.6 円

　本問における減損の発生点は工程終点なので、このポイントに達している完成品のみに減損費を負担させることになる。なお、減損費は独立して把握せず、自動的に完成品原価に算入するように計算を進める（これを度外視法という）。具体的な計算は以下のとおり。

工程終点に達している完成品に減損費を負担させます！

1 工業簿記と原価計算
2 個別原価計算
3 総合原価計算
4 標準原価計算
5 直接原価計算
6 製造業の財務諸表

● 直接材料費の計算

金　額	生産データ		金　額
月初仕掛品 ￥192,500	月初仕掛品数量 1,000 個	完成品数量 6,500 個	当月完成品 ￥1,400,000
当月投入 ￥1,507,500	当月投入数量 7,500 個	減　損 500 個	▲差額
		月末仕掛品数量 1,500 個	月末仕掛品 ￥300,000
合　計　￥1,700,000	8,500 個	8,500 個	￥1,700,000

月末仕掛品：1,700,000 円×月末仕掛品 1,500 個 /8,500 個＝ 300,000 円
完成品：1,700,000 円−月末仕掛品 300,000 円＝ 1,400,000 円

● 加工費の計算

金　額	生産データ		金　額
月初仕掛品 ￥139,800	月初仕掛品換算量 500 個	完成品換算量 6,500 個	当月完成品 ￥1,750,000
当月投入 ￥1,835,200	当月投入換算量 7,400 個 （差で算定）	減　損 500 個	▲差額
		月末仕掛品換算量 900 個	月末仕掛品 ￥225,000
合　計　￥1,975,000	7,900 個	7,900 個	1,975,000

月末仕掛品：1,975,000 円×月末仕掛品 900 個 / 7,900 個＝ 225,000 円
完成品：1,975,000 円−月末仕掛品 225,000 円＝ 1,750,000 円

まとめ

月末仕掛品：直接材料費 300,000 円＋加工費 225,000 円＝ 525,000 円
完成品：直接材料費 1,400,000 円＋加工費 1,750,000 円＝ 3,150,000 円
完成品単位原価：3,150,000 ÷完成品数量 6,500 個≒＠ 484.6 円

仕損の基本処理

以下の資料に基づいて、当月の月末仕掛品原価・完成品原価・完成品単位原価を計算しなさい。

【資料1】生産データ

月初仕掛品	1,000 個	(50%)
当月投入	7,500 個	
合計	8,500 個	
正常仕損	500 個	※（ ）は加工進捗度を示す
月末仕掛品	1,500 個	(60%)
完成品	6,500 個	

【資料2】原価データ

	直接材料費	加工費
月初仕掛品	192,500 円	139,800 円
当月投入	1,507,500 円	1,835,200 円

【資料3】その他

- 月末仕掛品の評価は先入先出法による。
- 正常仕損は工程終点で発生する。なお、仕損品には@112円の処分可能価額が認められる。
- 計算上生じる端数は小数点以下第2位を四捨五入する。

解答

月末仕掛品原価	524,700 円
完成品原価	3,094,300 円
完成品単位原価	@476.0 円

　本問における仕損の発生点は工程終点なので、このポイントに達している完成品のみに仕損費を負担させることになる。なお、基本的な計算は、減損の場合と同じだが、仕損品に評価額（処分価値）があるため、その分、仕損費が減少すると考えて、完成品原価から控除する。

工程終点に達した完成品に仕損費を負担させます！

1 工業簿記と原価計算
2 個別原価計算
3 総合原価計算
4 標準原価計算
5 直接原価計算
6 製造業の財務諸表

● 直接材料費の計算

金　額	生産データ		金　額
月初仕掛品 ¥192,500	月初仕掛品数量 1,000 個	完成品数量 6,500 個	当月完成品 ¥1,398,500
当月投入 ¥1,507,500	当月投入数量 7,500 個	仕　損 500 個	↑差額
		月末仕掛品数量 1,500 個	月末仕掛品 ¥301,500
合　計 ¥1,700,000	8,500 個	8,500 個	¥1,700,000

月末仕掛品：1,507,500円 × 月末仕掛品 1,500 個 / 7,500 個 = 301,500 円
完成品：1,700,000 円 － 月末仕掛品 301,500 円 = 1,398,500 円

● 加工費の計算

金　額	生産データ		金　額
月初仕掛品 ¥139,800	月初仕掛品換算量 500 個	完成品換算量 6,500 個	当月完成品 ¥1,751,800
当月投入 ¥1,835,200	当月投入換算量 7,400 個 （差で算定）	仕　損 500 個	↑差額
		月末仕掛品換算量 900 個	月末仕掛品 ¥223,200
合　計 ¥1,975,000	7,900 個	7,900 個	¥1,975,000

月末仕掛品：1,835,200円 × 月末仕掛品 900 個 / 7,400 個 = 223,200 円
完成品：1,975,000 円 － 月末仕掛品 223,200 円 = 1,751,800 円

1 工業簿記と原価計算

2 個別原価計算

3 総合原価計算

4 標準原価計算

5 直接原価計算

6 製造業の財務諸表

まとめ

月末仕掛品：直接材料費 301,500 円 ＋ 加工費 223,200 円 ＝ 524,700 円

仕損品評価額：@ 112 円 × 500 個 ＝ 56,000 円

完成品：直接材料費 1,398,500 円 ＋ 加工費 1,751,800 円 － 仕損品評価額
　　　　56,000 ＝ 3,094,300 円

完成品単位原価：3,094,300 ÷ 完成品数量 6,500 個 ≒@ 476.0 円

評価額の有無に注意
しましょう！

ワンポイント

減損と仕損の違い

問題対応上、減損と仕損に違いが生じるのは、仕損品評価額がある
ときだけです。基本的な対応方法に違いはありません。

コラム 「総合原価計算」の学習

　第3章で学習した「総合原価計算」は、単一製品の大量見込生産を行う企業において実施される「単純総合原価計算」を前提としています。しかし、実際の試験では、異種製品の大量見込生産を行う場合の「組別総合原価計算」や、同種製品だが異なるサイズの製品を見込生産する場合の「等級別総合原価計算」なども出題されます。

　ただし、いずれも「単純総合原価計算」における計算技法が土台となるため、この内容を正確に理解することが重要です。

　総合原価計算に関しては、日商簿記検定2級で仕訳が問われることはほとんどなく、多くの問題は計算結果のみを解答することで対応可能です。ある意味、計算技法の習得に集中して受験の対策ができるため、比較的得点しやすい論点といえるでしょうし、実際、総合原価計算が出題された場合、点数の稼ぎどころと考えて対応される受験生も多いです。

　実際に解答できるようになるためには、本文に記載したようなボックスなどを用いて迅速かつ正確に作業ができるようにしておく必要があります。しっかり練習していきましょう！

「総合原価計算」は得点しやすいので、取りこぼしのないように学習していきましょう！

第 **4** 章

標準原価計算

01 標準原価計算とは？

標準原価を定めておくことで、
効果的に製造原価を管理できます

標準原価とは、統計学等の科学的技法を用いてあらかじめ会社の中で決めておいた製品原価の目標額のことを指します。

日々、会社の中では、なるべく実際に発生する製造原価を低く抑えられるように努力がなされていますが、目標を決めておけばより効果的に製造原価を管理することができます。

原価を設定した「標準原価カード」

標準原価計算では、まず、製品1単位あたりの標準原価（原価標準という）を費目ごとに設定しますが、受験簿記の場合、基本的には下記のような**標準原価カードに設定済みの標準原価に係る資料が与えられることが多い**です。

標準原価カード（製品1個あたり）

費　　　目	標準単価	標準消費量	標準原価
直接材料費	@¥500	6kg	¥3,000
直接労務費	@¥800	5時間	¥4,000
製造間接費	@¥500	5時間	¥2,500
完成品1個あたりの標準原価			¥9,500

標準原価カードでは、製品作りにかかる原価が費目ごとに細かく設定されています。例えば上記カードに示された直接労務費に関しては、製品を1つ作るのに、時給@¥800の工員が標準的に5時間の加工作業を行うと定めており、製品1単位あたりの直接労務費は¥4,000（@¥800×5時間）と計算されています。

このように、標準原価計算では各費目に関して量的目標（物量標準という）と金額的目標（価格標準という）をそれぞれ定めておき、各視点から目標値と実績値の差異が生じた原因を明らかにし、原価管理に役立てていきます。

1 工業簿記と原価計算

2 個別原価計算

3 総合原価計算

4 標準原価計算

5 直接原価計算

6 製造業の財務諸表

◎ 標準原価カードの組み立て

次の資料をもとにして、標準原価カードを作成しなさい。
① 直接材料費データ：製品 1 個製造するのに、1 kg あたり¥50 の材料を標準的に 10kg 要する。
② 直接労務費データ：製品 1 個製造するのに、1 時間あたりの賃率¥800 の工員が標準的に 5 時間作業する。
③ 製造間接費データ：当工場の製造間接費月間予算額は¥2,750,000 である。これは、直接作業時間 5,500 時間を基準操業度として想定した際の発生予定額である。

解答

標準原価カード（製品 1 個あたり）

費 目	標準単価	標準消費量	標準原価
直接材料費	@¥50	10 kg	¥500
直接労務費	@¥800	5 時間	¥4,000
製造間接費	@¥500	5 時間	¥2,500
完成品 1 個あたりの標準原価			¥7,000

計算

標準原価計算で最初に行う原価標準の設定が求められている。原価標準の設定は与えられた資料を標準原価カードという形式に落とし込むだけ。直接材料費、直接労務費に関しては、与えられた標準単価と標準消費量をそのまま使用すればよい。製造間接費については、標準配賦率を算定することが必要であるため、予算額と基準操業度を用いて計算する。

$$標準配賦率＝¥2,750,000 ÷ 5,500 時間＝@¥500$$

また、製造間接費は直接作業時間を基準操業度とする旨の指示があるため、直接作業時間を基準に配賦している。したがって、標準直接作業時間 5 時間を標準配賦率に掛け算することで、標準配賦額を求めることができる。

ワンポイント

正確に把握しておこう！

過去の試験ではここに示したデータ推定に必要なデータを与えておき、各自で標準原価カードの組み立てを行うことが求められたこともあります。したがって、その概要は正確に把握しておきましょう。

02 仕掛品原価・完成品原価の計算

標準原価計算を採用すれば、実際原価を
用いずに完成品原価等を算定できます

標準原価は、科学的技法に基づき設定された信頼性の高い金額です。そのため、標準原価計算を採用する企業は、実際原価を使用せず、これを用いて完成品原価等の算定ができるようになります。

● 標準原価計算における完成品原価の計算

> 完成品の標準原価 ＝ 原価標準 × 完成品数量

仕掛品は直接材料費と加工費を分けて計算

仕掛品の原価を算定するにあたっては、完成品の原価標準に仕掛品数量を掛けても求めることはできません。なぜなら、完成品1単位と仕掛品1単位が負担する加工費（直接労務費と製造間接費の合計）は同一ではないからです。

したがって、仕掛品については、直接材料費と加工費を分けて原価を計算します。

● 標準原価計算における月末仕掛品及び月初仕掛品の原価

> 標準直接材料費 ＝ 製品単位あたりの標準直接材料費 × 実在量
> 標準直接労務費 ＝ 製品単位あたりの標準直接労務費 × 完成品換算量
> 標準製造間接費 ＝ 製品単位あたりの標準製造間接費 × 完成品換算量

次項の設例に基づき、上記計算の概要を確認してみましょう。

> 標準原価計算は作業が
> シンプルですね！

仕掛品原価・完成品原価の算定

以下の資料に基づき、完成品、月初仕掛品、月末仕掛品の標準原価を計算しなさい。

【資料1】生産データ

月初仕掛品	160 個	(50%)
当月投入	1,000 個	
合　計	1,160 個	
月末仕掛品	240 個	(50%)
完成品	920 個	

※（　）は加工進捗度を示す
※材料は工程始点で投入する

【資料2】標準原価カード

標準原価カード（製品1個あたり）

費　目	標準単価	標準消費量	標準原価
直接材料費	@￥50	10 kg	￥500
直接労務費	@￥800	5 時間	￥4,000
製造間接費	@￥500	5 時間	￥2,500
完成品1個あたりの標準原価			￥7,000

解答

完成品原価	6,440,000 円
月初仕掛品原価	600,000 円
月末仕掛品原価	900,000 円

計算

標準原価の計算をする前に、資料として与えられた生産データを次のようにボックスにして整理する。なお、説明の便宜上、ここでは生産データのみを記載したものを使用する。

直接材料（実在量）

月初仕掛品数量 160 個	完成品数量 920 個
当月投入数量 1,000 個	月末仕掛品数量 240 個
1,160 個	1,160 個

加工費（換算量）

月初仕掛品換算量 80 個	完成品換算量 920 個
当月投入換算量 960 個（差で算定）	月末仕掛品換算量 120 個
1,040 個	1,040 個

● 完成品原価の算定

　完成品原価は、標準原価カードによると、完成品1個作るのに標準的に￥7,000かかると与えられているため、この値に完成品数量920個を掛けることで計算できる。

> **完成品の標準原価 ＝ ＠￥7,000 × 920個 ＝ ￥6,440,000**

　仕掛品原価は、月初仕掛品も月末仕掛品も計算方法は同じ。仕掛品は完成品と異なり、1個あたりが負担する加工費（直接労務費と製造間接費の合計）が加工進捗度によって違うため、加工費を完成品換算量に基づいて計算する。また、直接材料費は、始点で投入されているため、完成品1個でも仕掛品1個でも、1個あたりが負担する直接材料費は同じなので、実在量に基づいて計算する。

> 加工費は、完成品換算量に基づいて計算します！

● 月初仕掛品原価の算定

　月初仕掛品実在量160個、完成品換算量80個（160個×50％）なので、160個分の標準直接材料費、80個分の標準直接労務費、80個分の標準製造間接費を計算する。

直接材料費	：	＠500円	×	160個	＝	80,000円
直接労務費	：	＠4,000円	×	80個	＝	320,000円
製造間接費	：	＠2,500円	×	80個	＝	200,000円
						600,000円

● 月末仕掛品原価の算定

　月末仕掛品も同様に計算すると、月末仕掛品実在量240個、完成品換算量120個（240個×50％）なので、240個分の標準直接材料費、120個分の標準直接労務費、120個分の標準製造間接費を計算する。

直接材料費	：	＠500円	×	240個	＝	120,000円
直接労務費	：	＠4,000円	×	120個	＝	480,000円
製造間接費	：	＠2,500円	×	120個	＝	300,000円
						900,000円

1 工業簿記と原価計算

2 個別原価計算

3 総合原価計算

4 標準原価計算

5 直接原価計算

6 製造業の財務諸表

・実践的解法

　実践的解法としては、製品 1 つあたりの標準直接労務費 @ ¥4,000 と標準製造間接費 @ ¥2,500 を合算し、製品 1 つあたりの加工費は @ ¥6,500 と考えて計算すると効率的になる。

● 月初仕掛品原価の算定

直接材料費	:	@500 円	×	160 個	=	80,000 円
加 工 費	:	@6,500 円	×	80 個	=	520,000 円
	:					600,000 円

● 月末仕掛品原価の算定

直接材料費	:	@500 円	×	240 個	=	120,000 円
加 工 費	:	@6,500 円	×	120 個	=	780,000 円
						900,000 円

月初・月末とも、仕掛品原価の計算方法は同じです！

ワンポイント

完成品原価等の計算

標準原価計算では、完成品原価、月末仕掛品原価、月初仕掛品原価の 3 点を常に標準原価で計算します。簿記 2 級の試験では、これらを優先的に解答しましょう。

03 原価差異の把握

標準原価と実際に発生した原価の差異を
分析することで、原価改善に役立てます

　標準原価は原価の発生目標額を表すもので、これと実際に発生した原価との間にズレが生じることがあります。

　このズレのことを原価差異といいますが、いくらズレが生じたのか計算し、その**原因を分析することで次月以降の原価改善に役立てます。**

● 原価差異のイメージ

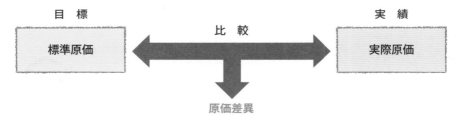

原価差異の計算

　原価差異の計算にあたっては、「当月投入の標準原価」と実際原価の差額として計算を行います。

　そもそも**当月に生じた実際原価は、当月投入分から生じたもの**と考えられるので、当月投入の標準原価と比べる必要があります。

● 当月投入の標準原価と比べる

生産データ

```
┌──────────┬──────────┬──────────┐
│          │          │ 月初仕掛品 ├────────┐
│          │          │          │ 完成品  │
│ 実際原価  │ 標準原価  │ 当月投入  ├────────┤
│          │          │          │ 月末仕掛品│
│          ├──────────┴──────────┴────────┘
│          │ 原価差異  │
└──────────┴──────────┘
```

1 工業簿記と原価計算

2 個別原価計算

3 総合原価計算

4 標準原価計算

5 直接原価計算

6 製造業の財務諸表

◎ 原価差異の計算に関する具体例

以下の資料に基づき、当月の①原価総差異、②直接材料費差異、③直接労務費差異、④製造間接費差異のそれぞれを計算しなさい。

【資料1】生産データ

月初仕掛品	160個	(50%)
当月投入	1,000個	
合　計	1,160個	
月末仕掛品	240個	(50%)
完　成　品	920個	

※（ ）は加工進捗度を示す
※材料は工程始点で投入する

【資料2】標準原価カード

標準原価カード（製品1個あたり）

費　目	標準単価	標準消費量	標準原価
直接材料費	@¥50	10kg	¥500
直接労務費	@¥800	5時間	¥4,000
製造間接費	@¥500	5時間	¥2,500
完成品1個あたりの標準原価			¥7,000

【資料3】当月の実際原価

- 実際直接材料費：¥594,000　実際直接労務費：¥3,900,000
- 実際製造間接費：¥2,760,000

解答

原価総差異	514,000円（不利差異）
直接材料費差異	94,000円（不利差異）
直接労務費差異	60,000円（不利差異）
製造間接費差異	360,000円（不利差異）

ワンポイント

原価差異の把握場所を押さえよう！

原価差異は必ず「当月投入」の標準原価と実際原価を比較します。
差異の把握場所をしっかりと押さえておきましょう。

計算

原価差異は、当月投入の標準原価と実際原価の差額として計算することができる。

生産データ

実際原価	標準原価	月初仕掛品 160 個（80 個）	完成品 920 個

実際原価
- 直接材料費 ¥594,000
- 直接労務費 ¥3,900,000
- 製造間接費 ¥2,760,000

標準原価
- 直接材料費 ¥500,000
- 直接労務費 ¥3,840,000
- 製造間接費 ¥2,400,000
- 原価差異 ¥514,000

当月投入 1,000 個（960 個）

月末仕掛品 240 個（120 個）

※（　）は完成品換算量を示す。

各費目の標準原価は以下のとおり。

標準直接材料費は、当月に完成品 1,000 個分の 直接材料が投入されているため、これに完成品 1 個あたりの標準直接材料費@¥500 を掛け算する。

当月投入の標準直接材料費：@¥500 × 1,000 個 = ¥500,000

標準直接労務費は、当月に完成品 960 個分の直接作業がなされているため、これに完成品 1 個あたりの標準直接労務費@¥4,000 を掛け算する。

当月投入の標準直接労務費：@¥4,000 × 960 個 = ¥3,840,000

標準製造間接費は、当月に完成品 960 個分の加工作業がなされているため、これに完成品 1 個あたりの標準製造間接費を掛け算する。

当月投入の標準製造間接費：@¥2,500 × 960 個 = ¥2,400,000

なお、原価差異の把握は標準原価カードに示された費目ごとに行うことになるので、完成品原価等の計算時と異なり、当月投入の加工費として計算は行わず、直接労務費・製造間接費それぞれで計算する。

計算の流れをしっかりと
おぼえましょう！

04 直接材料費差異の分析

原価差異の原因を分析するために
価格差異と数量差異に細分化します

直接材料費に関する原価差異がなぜ生じたのか分析を行います。具体的には、原価差異を価格差異と数量差異に細分化します。 価格差異とは、標準価格と実際価格がズレたことによる原価差異を表すものです。**標準価格と実際価格の差に実際消費量を掛け算する**ことで求めることができます。

価格差異 ＝（標準価格 － 実際価格）× 実際消費量

数量差異とは、標準消費量と実際消費量がズレたことによる原価差異を表すものです。**標準消費量と実際消費量の差に標準価格を掛け算する**ことで求めることができます。

数量差異 ＝ 標準価格 ×（標準消費量 － 実際消費量）

分析図を用いて計算する

直接材料費差異の分析は、以下のような分析図を用いて、価格差異と数量差異を計算することができます。

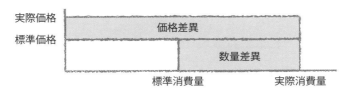

上の分析図は、標準価格の方が大きくても実際価格の下側に標準価格を書き込んでください。また、標準消費量のほうが大きかったとしても、実際消費量の左側に標準消費量を書き込んでください。数値の大小関係で配列すると、切り口が変わってしまい、各差異の把握ができなくなります。

1 工業簿記と原価計算
2 個別原価計算
3 総合原価計算
4 標準原価計算
5 直接原価計算
6 製造業の財務諸表

05 直接労務費差異の分析

直接労務費の原価差異を分析するには、
賃率差異と時間差異に細分化します

　直接労務費に関する原価差異がなぜ生じたのか分析を行います。具体的には、原価差異を賃率差異と時間差異に細分化します。

　賃率差異とは、**標準賃率と実際賃率がズレたことによる原価差異**を表すものです。直接材料費差異における価格差異と同様に計算できます。

賃率差異 ＝（標準賃率 － 実際賃率）× 実際作業時間

　時間差異とは、**標準作業時間と実際作業時間がズレたことによる原価差異**を表すものです。直接材料費差異における数量差異と同様に計算できます。

時間差異 ＝ 標準賃率 ×（標準作業時間 － 実際作業時間）

賃率差異と時間差異の計算

　直接労務費差異の分析は、以下のような分析図を用いて、賃率差異と時間差異を計算することができます。

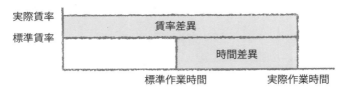

　上記分析図の作成にあたっては、直接材料の時と同じく以下の要領で数値配列を行ってください。

数値配列のルール：内側標準、外側実際で作成する

06 製造間接費差異の分析

製造間接費の差異分析について、試験では
四分法を確実に押さえておきましょう

1 工業簿記と原価計算

2 個別原価計算

3 総合原価計算

4 標準原価計算

5 直接原価計算

6 製造業の財務諸表

　製造間接費に関する原価差異がなぜ生じたのか、分析をすることができます。

　製造間接費については予算を用いて差異が分析されますが、第3章で学習したとおり、予算には固定予算と変動予算があります。どちらの予算を利用するかによって分析内容が異なりますが、ここでも受験上の重要性を考慮して、**変動予算に基づく差異分析**を確認していきます。

　なお、変動予算によった場合、いくつの視点で差異分析を行うかにより、代表的には以下の3つの方法が存在します。

　受験上は**四分法をしっかり押さえて、他の方法は集約の仕方を覚えれば十分**です。

四分法	三分法①	三分法②
予算差異	予算差異	予算差異
変動費能率差異	能率差異	能率差異
固定費能率差異		操業度差異
操業度差異	操業度差異	

能率差異が追加される

　四分法では予算差異、変動費能率差異、固定費能率差異、操業度差異の4つの差異を計算します。予算差異と操業度差異は第3章で登場したものとまったく同じですが、新たに変動費能率差異と固定費能率差異を計算します。

　能率差異とは、作業能率の良否により生じる製造間接費の浪費・節約を表すものです。

● 四分法における各差異の計算

原価差異	計 算
予算差異	予算許容額 － 実際発生額
変動費能率差異	変動費率 ×（標準操業度－実際操業度）
固定費能率差異	固定費率 ×（標準操業度－実際操業度）
操業度差異	固定費率 ×（実際操業度－基準操業度）

　製造間接費差異の分析にあたっては、従来と同じく下記のような分析図を作成し、作業を進めていきます。

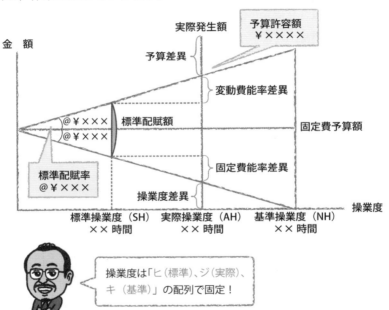

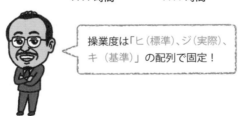

操業度は「ヒ（標準）、ジ（実際）、キ（基準）」の配列で固定！

1 工業簿記と原価計算

2 個別原価計算

3 総合原価計算

4 標準原価計算

5 直接原価計算

6 製造業の財務諸表

◎ 原価差異の把握

以下の資料に基づき、解答欄に示した各差異項目の金額を答えなさい。なお、「有利差異」「不利差異」別も明示すること。

【資料1】生産データ

月初仕掛品	160 個	(50%)
当月投入	1,000 個	
合計	1,160 個	
月末仕掛品	240 個	(50%)
完成品	920 個	

※( )は加工進捗度を示す
※材料は工程始点で投入する

【資料2】標準原価カード

標準原価カード（製品1個あたり）

費目	標準単価	標準消費量	標準原価
直接材料費	@¥50	10 kg	¥500
直接労務費	@¥800	5 時間	¥4,000
製造間接費	@¥500	5 時間	¥2,500
完成品1個あたりの標準原価			¥7,000

・月間基準操業度：5,500 直接作業時間
・月間固定製造間接費予算額：¥1,650,000

【資料3】当月の実際原価

・実際直接材料費：@¥55×10,800kg＝¥594,000
・実際直接労務費：@¥750×5,200 時間＝¥3,900,000
・実際製造間接費：¥2,760,000

解答

価格差異	54,000 円（不利差異）
数量差異	40,000 円（不利差異）
賃率差異	260,000 円（有利差異）
時間差異	320,000 円（不利差異）
予算差異	70,000 円（不利差異）
変動費能率差異	80,000 円（不利差異）
固定費能率差異	120,000 円（不利差異）
操業度差異	90,000 円（不利差異）

● 直接材料費差異の分析

　直接材料費差異￥94,000（不利差異）を、価格差異と数量差異に分析を行う。計算にあたっては、まず直接材料の分析が求められているため、実在量に関して生産データをまとめる。

直接材料 (実在量)

月初仕掛品数量 160 個	完成品数量 920 個
当月投入数量 1,000 個	月末仕掛品数量 240 個
1,160 個	1,160 個

当月に完成品 1,000 個分の直接材料が投入されており、これに対する標準消費量を計算する。

> **当月投入に関する標準消費量：1,000 個 × 10kg ＝ 10,000kg**

その後、以下のような分析図を作成し、各差異項目の把握を行う。

● 価格差異

> （標準@￥50 －実際@￥55）× 実際消費量 10,800kg ＝ △￥54,000(不利差異)

● 数量差異

> @￥50 ×（10,000kg － 10,800kg）＝ △￥40,000（不利差異）

1 工業簿記と原価計算
2 個別原価計算
3 総合原価計算
4 標準原価計算
5 直接原価計算
6 製造業の財務諸表

● 直接労務費差異の分析

　直接労務費差異 ¥60,000（不利差異）を、賃率差異と時間差異に分析を行う。計算にあたっては、まず直接労務費に関する分析が求められているため、完成品換算量に関して生産データをまとめる。

加工費 (換算量)

月初仕掛品換算量 80 個	完成品換算量 920 個
当月投入換算量 960 個 (差で算定)	月末仕掛品換算量 120 個
1,040 個	1,040 個

　当月に完成品 960 個分の直接作業が行われており、これに対する標準作業時間を計算する。

> **当月投入に関する標準作業時間：960 個 × 5 時間 ＝ 4,800 時間**

　その後、以下のような分析図を作成し、各差異項目の把握を行う。

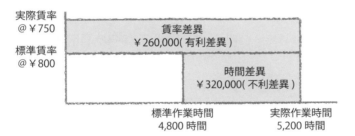

● 賃率差異

> 　（@¥800 － @¥750）× 5,200 時間 ＝ ＋¥260,000 （有利差異）

● 時間差異

> 　@¥800 ×（4,800 時間 － 5,200 時間）＝ △¥320,000 （不利差異）

● 製造間接費配賦差異の分析

　製造間接費配賦差異は￥360,000（不利差異）とわかっている。差異分析を行うにあたり、まず完成品換算量に関して生産データをまとめる。

加工費（換算量）

月初仕掛品換算量 80 個	完成品換算量 920 個
当月投入換算量 960 個 （差で算定）	月末仕掛品換算量 120 個
1,040 個	1,040 個

　当月に完成品 960 個分の直接作業が行われており、これに対する標準操業度を計算する。

当月投入に関する標準操業度：960 個 × 5 時間 ＝ 4,800 時間

　また、月間固定製造間接費予算額￥1,650,000 と基準操業度 5,500 時間より、固定費率を計算することができる。

固定費率：￥1,650,000 ÷ 5,500 時間 ＝ ＠￥300

　製造間接費の標準配賦率＠￥500 は、変動費率と固定費率の合計であるため、この関係を利用して変動費率を計算することができる。

変動費率：＠￥500 － ＠￥300 ＝ ＠￥200

　以上のデータをもとにして差異分析を行う。

差異の分析前に基礎データをそろえます！

1 工業簿記と原価計算

2 個別原価計算

3 総合原価計算

4 標準原価計算

5 直接原価計算

6 製造業の財務諸表

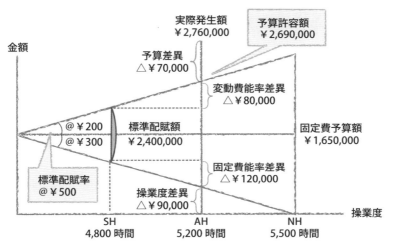

● 予算差異

$$(@¥200 × 5,200 時間 + ¥1,650,000) − ¥2,760,000 = △¥70,000(不利差異)$$

● 変動費能率差異

$$@¥200 × (4,800 時間 − 5,200 時間) = △¥80,000(不利差異)$$

● 固定費能率差異

$$@¥300 × (4,800 時間 − 5,200 時間) = △¥120,000(不利差異)$$

● 操業度差異

$$@¥300 × (5,200 時間 − 5,500 時間) = △¥90,000(不利差異)$$

各種差異の把握について

簿記2級の本試験では、差異分析のみが出題されることも多いです。各計算方法をしっかりと押さえておきましょう。

コラム # 「標準原価計算」の学習

第4章で学習した「標準原価計算」を採用する大きな目的は、詳細な原価差異の把握と分析による「厳格な原価管理」を行うためです。

毎月発生する原価を正確に把握したうえで、原価差異分析を通じて改善点を把握し、これに係る改善活動を経常的に行うことは、単にコストの引き下げを図る効果のみならず、各層の従業員等に原価低減に対する意識づけを図る意味でも有用です。

そのため、原価管理に力を入れる多くの企業は、昔から標準原価計算を採用しています。

上記のような理由から、受験簿記においても、この原価管理に有用な標準原価計算に基づく原価差異分析はよく出題されています。

本章で記載した各種原価に対する差異分析図をしっかりおさえ、実際の問題解答でもこれらの活用ができるようにしておく必要があります。

なかなか覚えにくい差異の名称もあるでしょうが、もう一踏ん張りです。頑張ってこなしていきましょう！

標準原価計算に基づく
原価差異分析は試験で
もよく出題されます！

第 5 章

直接原価計算

全部原価計算と直接原価計算

原価計算には、これまで学習した全部原価計算
のほかに、直接原価計算というものがあります

　これまで皆さんが学習してきた原価計算は、全部原価計算と呼ばれるもの
です。これは、製品製造にあたって生じたすべての原価、つまり**変動製造原**
価も固定製造原価も区別せずに製品原価として計算する方法です。

　それに対して、直接原価計算とは、製品製造にあたって生じた原価のうち、
変動製造原価だけを製品原価とし、固定製造原価については期間原価（損益
計算書に費用としてそのまま計上）**とする方法**です。

全部原価計算と直接原価計算

　全部原価計算における原価分類と直接原価計算における原価分類を確認す
ると次のようになります。

● 原価分類の違い

全部原価計算における原価分類

直接材料費	直接材料費
直接労務費	加工費
直接経費	
製造間接費	

直接原価計算における原価分類

直接材料費	直接材料費	変動製造原価
直接労務費	変動加工費	
直接経費		
変動製造間接費		
固定製造間接費	固定加工費	固定製造原価

　直接原価計算では製造直接費と製造間接費のうち変動費部分である**変動製**
造間接費が変動製造原価となり、製品原価として計算されます。製造間接費
のうち固定費部分である**固定製造間接費は固定製造原価となり、期間原価と**
して計算されます。

　直接原価計算では、これまで学習してきた製造原価の算定とは原価に対す
る取扱いがまったく異なるのです。

02 直接原価計算の目的とは？

直接原価計算は、短期における
利益計画の策定を目的に実施されます

1 工業簿記と原価計算

2 個別原価計算

3 総合原価計算

4 標準原価計算

5 直接原価計算

6 製造業の財務諸表

　直接原価計算では、なぜこれまでとまったく異なる扱いで原価を分類するのでしょうか？　それは、直接原価計算の実施目的が**これまでの学習内容**（全部原価計算）**とまったく異なる**からです。それぞれの実施目的を端的に示すと、以下のようになります。

> 全部原価計算　⇒　正確な完成品原価の計算等
> 直接原価計算　⇒　（短期）利益計画の策定

　全部原価計算では、正確な完成品原価の算定などが目的であるため、物作りに要したすべての原価を集計して完成品原価などを計算するのは至極当然と言えます。対して、直接原価計算の実施目的は「（短期）利益計画」を策定するためのデータを得ることが目的であり、正確な完成品原価等の計算を目的としているわけではありません。そのため、**原価に係る取扱いに違いが生じても問題とはならない**のです。

目標利益などを実現する利益計画

　ここでいう「（短期）利益計画」とは、会社が向こう1年間でどれだけ売上を伸ばして、費用をどの程度に抑えることができるのか、その結果、利益をいくら稼ぐことができるのかを見積損益計算書として表したものです。

　会社では利益計画を策定し、実績がそのとおりになるよう日々経営努力がなされます。利益計画は通常、当期の実績をベースに「次期の利益は当期の2倍にしよう」といった具合に策定されます。

　ここで、利益と売上の動き方に着目し、その変化の状況を把握したうえで**次年度の目標利益などを実現するために必要な販売数量の把握や削減すべき原価目標**などを明らかにしていくのです。

◎ 全部原価計算と直接原価計算の比較

以下の資料に基づき、①全部原価計算を採用した場合と②直接原価計算を採用した場合の期末仕掛品原価及び完成品原価を計算しなさい。

【資料1】生産データ

期首仕掛品	400 個	(1/2)
当 月 投 入	2,500 個	
合　　　計	2,900 個	
期末仕掛品	900 個	(2/3)
完　成　品	2,000 個	

※（ ）は加工進捗度を示す
※材料は工程始点で投入する
※期末仕掛品は先入先出法により計算する

【資料2】原価データ

	直接材料費	変動加工費	固定加工費
期首仕掛品	16,600 円	14,200 円	9,600 円
当期投入	110,000 円	158,400 円	120,000 円

解答

	全部原価計算	直接原価計算
完成品原価	319,600 円	220,000 円
期末仕掛品原価	109,200 円	79,200 円

計算

本問の場合、総合原価計算前提のデータに基づきそれぞれの計算結果を求めているため、通常の総合原価計算と同様にボックスを作成し解答する。

● 直接材料費の計算

金額	生産データ		金額
期首仕掛品 ¥16,600	期首仕掛品数量 400 個	完成品数量 2,000 個	当期完成品 ¥87,000
当期投入 ¥110,000	当期投入数量 2,500 個	期末仕掛品数量 900 個	差額 / 期末仕掛品 ¥39,600
合　計 ¥126,600	2,900 個	2,900 個	¥126,600

1 工業簿記と原価計算
2 個別原価計算
3 総合原価計算
4 標準原価計算
5 直接原価計算
6 製造業の財務諸表

期末仕掛品：110,000 円 × 期末仕掛品 900 個 / 2,500 個 ＝ 39,600 円
完成品：126,600 円 － 期末仕掛品 39,600 円 ＝ 87,000 円

● 加工費の計算

加工費の計算は、変動加工費・固定加工費をそれぞれ分けて行う。

金　額	生産データ		金　額
期首仕掛品 変 ¥ 14,200 固 ¥　9,600	期首仕掛品換算量 200 個	完成品換算量 2,000 個	当期完成品 変 ¥ 133,000 固 ¥ 99,600
当期投入 変 ¥ 158,400 固 ¥ 120,000	当期投入換算量 2,400 個 (差で算定)	期末仕掛品換算量 600 個	期末仕掛品 変 ¥ 39,600 固 ¥ 30,000
合　計　変 ¥ 172,600 固 ¥ 129,600	2,600 個	2,600 個	変 ¥ 172,600 固 ¥ 129,600

・変動加工費

期末仕掛品：158,400 円 × 期末仕掛品 600 個 / 2,400 個 ＝ 39,600 円
完成品：172,600 円 － 期末仕掛品 39,600 円 ＝ 133,000 円

・固定加工費

期末仕掛品：120,000 円 × 期末仕掛品 600 個 / 2,400 個 ＝ 30,000 円
完成品：129,600 円 － 期末仕掛品 30,000 円 ＝ 99,600 円

変動加工費と固定加工費それぞれを
計算しましょう！

①全部原価計算

> 期末仕掛品：直接材料費 39,600 円＋変動加工費 39,600 円＋固定加工費
> 　　　　　 30,000 円＝ 109,200 円
> 完成品：直接材料費 87,000 円＋変動加工費 133,000 円＋固定加工費
> 　　　　　 99,600 円＝ 319,600 円

②直接原価計算

上記計算結果のうち、固定加工費を除いて集計を行う。

> 期末仕掛品：直接材料費 39,600 円 ＋ 変動加工費 39,600 円 ＝ 79,200 円
> 完成品：直接材料費 87,000 円 ＋ 変動加工費 133,000 円 ＝ 220,000 円

本問資料に基づき、全部原価計算様式の損益計算書を作成すると以下のとおりとなる。

> 仮定：当期完成品の全量 2,000 個を＠￥300 で販売。期首及び期末の製品
> 　　　は存在しない。
> ・変動販売費：＠￥10
> ・固定販売費：￥15,000
> ・一般管理費：￥90,000　　一般管理費はすべて固定費である。

● 全部原価計算の P/L

損　益　計　算　書		（単位：円）
Ⅰ　　　売　　　上　　　高		600,000
Ⅱ　　　売　　上　　原　　価		
1　期　首　製　品　棚　卸　高	0	
2　当　期　製　品　製　造　原　価	319,600	
合　　　　　計	319,600	
3　期　末　製　品　棚　卸　高	0	319,600
売　上　総　利　益		280,400
Ⅲ　　販売費及び一般管理費		
1　　販　　　売　　　費	35,000	
2　一　般　管　理　費	90,000	125,000
営　　業　　利　　益		155,400

> 販売費：変動販売費＠￥10 × 2,000 個＋固定販売費￥15,000 ＝ ￥35,000

1 工業簿記と原価計算

2 個別原価計算

3 総合原価計算

4 標準原価計算

5 直接原価計算

6 製造業の財務諸表

　外部公表用の損益計算書は、この全部原価計算様式のものが使用される。また、直接原価計算様式の損益計算書を作成すると以下のとおりとなる。

● 直接原価計算の P/L

損　益　計　算　書		（単位：円）
Ⅰ　　　売　　上　　高		600,000
Ⅱ　　　変 動 売 上 原 価		
1　期首製品棚卸高	0	
2　当期製品製造原価	220,000	
合　　　　　計	220,000	
3　期末製品棚卸高	0	220,000
変動製造マージン		380,000
Ⅲ　　　変 動 販 売 費		20,000
貢　献　利　益		360,000
Ⅳ　　　固　　定　　費		
1　固 定 製 造 原 価	120,000	
2　固 定 販 売 費	15,000	
3　固 定 一 般 管 理 費	90,000	225,000
営　業　利　益		135,000

変動販売費：変動販売費@¥10 × 2,000 個 ＝ ¥20,000

利益計画では直接原価計算が役立つ

　直接原価計算様式の損益計算書は外部公表用としては使用できないものの、固定費を製品原価に含める全部原価計算を行うと、生産量により製品１個あたりの製造原価が変動し、生産量が利益に影響を与えることになります。利益計画はわかりやすく「製品が２倍売れるから利益も２倍になるな」という具合に、販売量に比例させて利益をとらえたいため、**利益計画の際には変動費のみで製品原価を計算する直接原価計算が役立つ**ことになります。

販売量に比例させて利益をとらえるのです！

03 原価の固変分解技法

固変分解の代表的な手法に、操業度を
用いた「高低点法」があります

　直接原価計算を実施するにあたり、製造原価及び販売費及び一般管理費ま
での**すべての原価を変動費と固定費に分解**することが必要となります。

　利益計画を立てる際には、売上高（操業度）に応じて費用がどのように変
わるのかが知りたいため、このように変動費と固定費に原価を分ける必要が
あるのです。変動費と固定費に原価を分けることを固変分解といい、固変分
解の代表的な手法に高低点法があります。

高低点法とはどのようなものか？

　高低点法は、正常操業圏（正常な操業度の範囲）にある過去の製造原価に
関する実績データのうち、**最も操業度が高い点と最も操業度が低い点の2点
のデータ**を直線で結び、固変分解を行うものです。

◎ 高低点法の確認

以下の資料に基づき、高低点法により、変動費率と固定費を計算しなさい。
【資料】

	操業度	製造原価発生額
1月	3,200 個	¥2,200,000
2月	3,600 個	¥2,328,000
3月	3,800 個	¥2,400,000
4月	4,000 個	¥2,452,000
5月	4,800 個	¥2,180,000
6月	3,400 個	¥2,320,000

当社の過去数年の平均操業度は3,800個であり、当該操業度の周辺25%
が正常操業圏と考える。

解答

変動費率	315 円 / 個
固定費	1,192,000 円

1 工業簿記と原価計算

2 個別原価計算

3 総合原価計算

4 標準原価計算

5 直接原価計算

6 製造業の財務諸表

計算

　高低点法では、正常操業圏にある操業度が最も高い点と最も低い点の2点を直線で結び、原価の推移を表す。ここで、本問の正常操業圏を計算すると、3,800個から前後25%となる。

> 下限：3,800個 － 3,800個 × 25% ＝ 2,850個
> 上限：3,800個 ＋ 3,800個 × 25% ＝ 4,750個

　上記の正常操業圏の範囲にある操業度が最も高い点と低い点を探す。なお、5月の4,800個は正常操業圏から外れているため除外する。

> 最も操業度が高い点：4月の4,000個（¥2,452,000）
> 最も操業度が低い点：1月の3,200個（¥2,200,000）

　上記の2点を直線で結び、直線の傾きである変動費率（操業度1単位増加したときの変動費の増加額）を計算する。

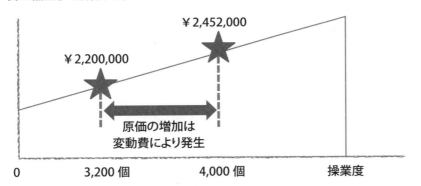

> 変動費率：$\dfrac{¥2,452,000 － ¥2,200,000}{4,000個 － 3,200個}$ ＝ @¥315

　この変動費率を選択した操業度（最高値・最低値いずれでもよい）にあてはめて、総原価（変動費と固定費の合計）から控除することで固定費を計算する。

> 固定費：¥2,452,000 － @¥315 × 4,000個 ＝ ¥1,192,000

損益分岐点分析

最低ラインの売上がいくらなのかを
把握するのが「損益分岐点分析」です

　会社経営において必ず避けなければいけないことの１つに、本業での儲け
を表す営業利益が赤字になってしまうことがあります。

　そこで経営者は、営業利益がゼロを下回らない最低ラインの売上（損益分
岐点売上高という）がいくらなのかを知る必要があります。損益分岐点分
析とは、損益分岐点などを把握したうえで、来期の目標利益を達成するため
に必要な販売数量や削減すべき原価などを把握し、来期の経営計画等に反映
させるための一連の分析行為をいいます。なお、損益分岐点分析をC.V.P.分
析と呼ぶことがありますが、原価（Cost）、販売量（Volume）、利益（Profit）
の関係を分析することからこのように呼ばれます。

変動費率と貢献利益率

　損益分岐点売上高を計算する際に、まず、重要なものとして、変動費率と
貢献利益率を確認します。変動費率とは、**売上高に占める変動費の割合**を表
します。他方、貢献利益率とは**売上高に占める貢献利益の割合**を示します。

$$変動費率 = \frac{変動費}{売上高}$$

$$貢献利益率 = \frac{貢献利益}{売上高}$$

以下の簡単な数字例で変動費率と貢献利益率を確認してみましょう。

損 益 計 算 書	（単位：円）
売　上　高	100
変　動　費	40
貢　献　利　益	60

1 工業簿記と原価計算

2 個別原価計算

3 総合原価計算

4 標準原価計算

5 直接原価計算

6 製造業の財務諸表

$$変動費率：\frac{変動費 ¥40}{売上高 ¥100} = 0.4（40\%）$$

$$貢献利益率 = \frac{貢献利益 ¥60}{売上高 ¥100} = 0.6（60\%）$$

損益分岐点売上高の把握

損益分岐点売上高とは、営業利益がゼロになるときの売上高です。次のように計算されます。

● 損益分岐点売上高の公式

$$損益分岐点売上高 = \frac{固定費}{貢献利益率}$$

この計算式を理解するために、次期の利益計画として次のような損益計算書に着目します。

```
                  損 益 計 算 書          （単位：円）
×貢献利益率    売  上  高        100      ×変動費率
   0.6        変  動  費         40          0.4
              貢 献 利 益        60
              固  定  費         30
              営 業 利 益        30
```

売上高 100 円に貢献利益率 0.6 を掛ければ貢献利益 60 円が求まります。この関係を利用すれば、貢献利益 60 円を貢献利益率 0.6 で割れば売上高を算定することができます。貢献利益から固定費を控除すれば営業利益が求まるので、営業利益がゼロになるときの貢献利益は固定費の金額と同じになります。 この数字例であれば、貢献利益が 30 円になれば営業利益はゼロになります。この貢献利益（固定費）30 円を貢献利益率 0.6 で割ればそのときの売上高（損益分岐点売上高）50 円を計算することができます。

なお、損益分岐点売上高は、次のように損益分岐点売上高を S と置き、そのときの損益計算書を作っても求めることができます。

損　益　計　算　書　　　　（単位：円）

売　上　高	S
変　動　費	0.4 S
貢　献　利　益	0.6 S
固　定　費	30
営　業　利　益	0

　つまり、「0.6 S − 30 = 0」を満たす S が損益分岐点売上高なので、S は50円と求まります。

損益分岐点比率と安全余裕率

　損益分岐点売上高が次期の計画売上高などに占める割合のことを損益分岐点比率といいます。

● 損益分岐点比率の公式

$$損益分岐点比率 = \frac{損益分岐点売上高}{計画売上高など}$$

　計画売上高100円、損益分岐点売上高50円であれば、損益分岐点比率は0.5（50％）と求まります。

　また、安全余裕率とは、安全余裕額が計画売上高などに占める割合をいいます。この安全余裕額とは、「計画している売上高などからいくら売上高が減少しても営業利益がゼロを下回らないのか」を示す額です。例えば、計画売上高100円、損益分岐点売上高50円であれば、安全余裕額は50円となります。

　この安全余裕額が計画売上高に占める割合を安全余裕率といいます。

● 安全余裕率の公式

$$安全余裕率 = \frac{安全余裕額}{計画売上高など}$$

　なお、損益分岐点比率と安全余裕率の合計は必ず1（100％）になります。

損益分岐点比率＋安全余裕率＝1（100％）

よって、損益分岐点比率と安全余裕率のいずれか一方が判明すれば、自ず
ともう一方も判明します。この関係を図で表すと次のようになります。

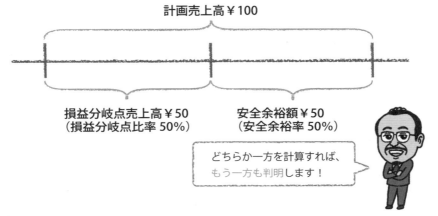

計画売上高 ¥100

損益分岐点売上高 ¥50　　　　安全余裕額 ¥50
（損益分岐点比率 50%）　　　（安全余裕率 50%）

どちらか一方を計算すれば、
もう一方も判明します！

目標売上高の算定

経営者は、次期にこれくらいの利益が欲しいというように、目標営業利益
を考えています。

目標営業利益を獲得するための売上高を目標売上高といいますが、次のよ
うに計算します。

● 目標売上高の公式

$$目標売上高 = \frac{目標営業利益＋固定費（すなわち目標貢献利益）}{貢献利益率}$$

この計算式を理解するために、次のように目標営業利益 30 円を獲得する
ための売上高を計算します。なお、固定費 30 円、貢献利益率 0.6 と判明し
ているとします。

損 益 計 算 書	（単位：円）
売　上　高	?
変　動　費	?
貢　献　利　益	?
固　定　費	30
営　業　利　益	30

2 個別原価計算

3 総合原価計算

4 標準原価計算

5 直接原価計算

6 製造業の財務諸表

営業利益は貢献利益から固定費を控除すれば計算することができますので、営業利益 30 円を獲得するための貢献利益は 60 円と計算することができます。つまり、目標営業利益 30 円＋固定費 30 円＝目標貢献利益 60 円となります。

　このときの売上高を算定するには、目標貢献利益 60 円を貢献利益率 0.6 で割り算すれば、目標売上高 100 円と求まります。

　この**計算構造は、損益分岐点売上高を計算するときとまったく同じ**です。そもそも損益分岐点売上高とは「目標営業利益をゼロと置いたときの売上高」と考えることができるので、目標売上高の算式に目標営業利益ゼロを代入すると、損益分岐点売上高の算式と同じになります。

　目標売上高の算式は、「**目標貢献利益を貢献利益率で割る**」という意味があります。

目標売上高 ＝（目標営業利益 ＋ 固定費）÷ 貢献利益率

計算構造は損益分岐点
売上高の計算と同じ！

ワンポイント

各データの計算方法

検定試験では、損益分岐点分析（C.V.P. 分析）がよく問われます。損益分岐点比率などは計算方法を覚えておく必要があります。しっかりと対応しておきましょう。

1 工業簿記と原価計算

2 個別原価計算

3 総合原価計算

4 標準原価計算

5 直接原価計算

6 製造業の財務諸表

目標売上高算出などの具体例

以下の資料に基づき、①変動費率、②貢献利益率、③損益分岐点販売数量、④損益分岐点売上高、⑤損益分岐点比率、⑥目標営業利益を￥375,000とした場合の目標売上高を計算しなさい。

【資料】当期の直接原価計算方式の損益計算書

	損 益 計 算 書		（単位：円）
Ⅰ 売　上　高	@300×2,000個		600,000
Ⅱ 変動売上原価	@110×2,000個		220,000
変動製造マージン			380,000
Ⅲ 変動販売費	@10×2,000個		20,000
貢　献　利　益			360,000
Ⅳ 固　定　費			225,000
営　業　利　益			135,000

解答

①変動費率	0.4（40%）
②貢献利益率	0.6（60%）
③損益分岐点販売数量	1,250個
④損益分岐点売上高	￥375,000
⑤損益分岐点比率	0.625（62.5%）
⑥目標売上高	￥1,000,000

資料の損益計算書に基づいて計算しましょう！

まず、損益計算書をより見やすくするために、変動売上原価と変動販売費を合算して変動費として表す。

変動費：変動売上原価@¥110 ＋ 変動販売費@¥10 ＝ @¥120

損　益　計　算　書　（単位：円）

Ⅰ　売　上　高	@300×2,000 個	600,000
Ⅱ　変　動　費	@120×2,000 個	240,000
貢 献 利 益		360,000
Ⅲ　固　定　費		225,000
営 業 利 益		135,000

この形式の損益計算書を用いて、①〜⑥までの計算を行う。

①変動費率

変動費率は、売上高が1単位増加したときの変動費の増加額を表すので、変動費を売上高で割れば求められる。

$$変動費率：\frac{変動費¥240,000}{売上高¥600,000} = 0.4（40\%）$$

②貢献利益率

貢献利益率は、売上高が1単位増加したときの貢献利益の増加額を表すので、貢献利益を売上高で割れば求められる。

$$貢献利益率：= \frac{貢献利益¥360,000}{売上高¥600,000} = 0.6（60\%）$$

③損益分岐点販売数量

損益分岐点販売数量は、営業利益がゼロになるときの販売数量を表す。製品1個販売したときの貢献利益は@¥180（@¥300 － @¥120）なので、製品を何個販売すれば固定費¥225,000を回収できるかを計算する。

$$損益分岐点販売量：\frac{固定費¥225,000}{@¥180} = 1,250 個$$

もしくは、④の損益分岐点売上高¥375,000を先に算定し、販売価額@¥300で割ることで求めることもできる。

④損益分岐点売上高

損益分岐点売上高は、営業利益がゼロになるときの売上高を表す。固定費を貢献利益率で割れば求められる。

$$\text{損益分岐点売上高：} \frac{\text{固定費￥225,000}}{\text{貢献利益率 0.6}} = ￥375,000$$

⑤損益分岐点比率

損益分岐点比率は、売上高に占める損益分岐点売上高の割合を表すので、損益分岐点売上高を売上高で割れば求められる。

$$\text{損益分岐点比率：} \frac{\text{損益分岐点売上高￥375,000}}{\text{売上高￥600,000}} = 0.625 \text{（62.5\%）}$$

また、損益分岐点比率と安全余裕率の合計は 1 （100%）になるので、損益分岐点比率 0.625 （62.5%）を 1 （100%）から控除することで以下のように安全余裕率を求めることもできる。

$$\text{安全余裕率：1 （100\%）} - 0.625 \text{（62.5\%）} = 0.375 \text{（37.5\%）}$$

⑥目標営業利益￥375,000 を達成する目標売上高

目標営業利益￥375,000 を達成するための目標売上高を算定するには、目標貢献利益を算定し、貢献利益率で割ればよい。目標貢献利益は、目標営業利益￥375,000 に固定費￥225,000 を合算することで￥600,000 と求められる。

$$\text{目標売上高：} \frac{\text{目標貢献利益￥600,000}}{0.6} = ￥1,000,000$$

各指標の計算方法は重要なので覚えましょう！

1 工業簿記と原価計算

2 個別原価計算

3 総合原価計算

4 標準原価計算

5 直接原価計算

6 製造業の財務諸表

コラム 「短期利益計画」の策定

　第5章で学習した直接原価計算は、来年度の目標利益を得るための短期利益計画の策定に用います。

　利益計画は、中小企業であれば経営者が作成することになりますが、なかなか最初はうまく作れないという方も多いのが実情です。これは、利益計画や事業計画が絶対的なものであって、計画と異なる状況の発生＝「絶対的な悪」と考えている方が多いからだと思います。

　あまりに身の丈に合わない現実離れした経営計画などは意味がありませんが、計画との相違が生じないようにするためには、極めて精度の高い計画の立案やそれを実行するだけの取引上の優位性などを確保する必要があります。優れた人材を多数抱え、優位な立場で事業を行うことができる大企業ならいざ知らず、比較的社歴が浅い中小企業などでは不可能に近いと思います。

　確かに、計画どおりに物事が進むのが理想かもしれませんが、そうはいかないのが世の常というもの。どんなに頑張っても現実は計画とはズレるものだと思います。大切なのは計画どおりに進めることではなく、当初の想定と異なる状況が生じたとき、当初の計画に近づけるための改善・工夫を随時行っていくことであり、その改善点等を把握するための比較指標として短期利益計画を活用するべきだと私は思います。

　皆さんの学習計画も同じこと。日々の勉強はさまざまな制約の中で進めていかざるを得ないのですから、当初の計画とズレが生じてきたときに、現状を把握し、当初の計画に近づけるためにはどのように今後の学習を進めるべきなのかを考えるためにも、学習計画の立案は有効だと思います。

　ここまで学習を進めてこられた皆さんならきっとやり切れます。自分を信じて、少しずつでかまわないので前進していきましょう！

第 **6** 章

製造業の
財務諸表

01 製造原価報告書

製造業では、製品製造にいくらかかったかを
報告書にまとめた「製造原価報告書」を作成します

製造業においても、商企業と同様に損益計算書・貸借対照表などの財務諸表を作成・開示しますが、製造業特有の財務諸表として製造原価報告書（Cost Report ＝ C / Rと略す）を作成することになります。

製造原価報告書とは、製品製造にいくらかかったのかを報告書にまとめたもので、原価計算の結果を報告するものです。

製造原価報告書の２つの形式

製造原価報告書には２つの形式があります。

１つは、材料費・労務費・経費という形態別分類を重視した形式。もう１つは、製造直接費・製造間接費という製品との関連における分類を重視した形式です。どちらの形式でも、当期総製造費用以下の数値は必ず同じになります。

製造原価計算書の作成にあたっては、材料費・労務費・経費の各消費高を正確に計算し、製造間接費配賦差異の正確な測定が必要になります。これまで学習した基本知識の再確認をしっかり進めていきましょう。

ワンポイント

製造原価報告書の作成

製造原価報告書の作成については、以前学習した材料費、労務費、経費の消費高算定が基本知識となります。なお、「外注加工賃」と「特許権使用料」は必ず直接経費と判断してください。

◎ 形態別分類を重視した形式

製造原価報告書

Ⅰ 材　料　費			
1 期首材料棚卸高	170,000		
2 当期材料仕入高	1,135,000		
合　　計	1,305,000		
3 期末材料棚卸高	240,000		
当　期　材　料　費		1,065,000	←主要材料費と補助材料費の合計
Ⅱ 労　務　費			
1 直接工賃金	355,000		
2 間接工賃金	195,000		
当　期　労　務　費		550,000	←直接労務費と間接労務費の合計
Ⅲ 経　費			
1 外注加工賃	125,000		
2 減価償却費	265,000		
当　期　経　費		390,000	←直接経費と間接経費の合計
合　　計		2,005,000	
製造間接費配賦差異		-5,000	
当期総製造費用		2,000,000	
期首仕掛品棚卸高		250,000	
合　　計		2,250,000	
期末仕掛品棚卸高		300,000	
当期製品製造原価		1,950,000	←完成品原価

製造間接費配賦差異5,000（不利差異）を控除することで、予定配賦額が当期総製造費用の中に含まれる

◎ 製品との関連における分類を重視した形式

製造原価報告書

Ⅰ 直接材料費			
1 期首材料棚卸高	120,000		
2 当期材料仕入高	850,000		
合　　計	970,000		
3 期末材料棚卸高	170,000	800,000	←主要材料費
Ⅱ 直接労務費		355,000	
Ⅲ 直接経費			
1 外注加工費		125,000	
Ⅳ 製造間接費			
1 間接材料費	265,000		←補助材料費
2 間接工賃金	195,000		
3 減価償却費	265,000		
小　　計	725,000		←製造間接費の実際発生額
製造間接費配賦差異	-5,000		
製造間接費配賦額		720,000	
当期総製造費用		2,000,000	
期首仕掛品棚卸高		250,000	
合　　計		2,250,000	
期末仕掛品棚卸高		300,000	
当期製品製造原価		1,950,000	←完成品原価

製造間接費配賦差異5,000（不利差異）を控除することで、予定配賦額が当期総製造費用の中に含まれる

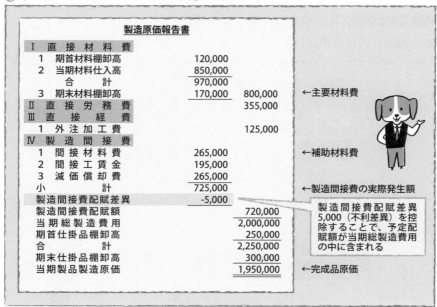

1 工業簿記と原価計算

2 個別原価計算

3 総合原価計算

4 標準原価計算

5 直接原価計算

6 製造業の財務諸表

02 損益計算書

製造業における損益計算書では、
商業簿記とは売上原価の内訳が異なります

　製造業における損益計算書は、商業における損益計算書とほぼ同じですが、**売上原価の内訳が異なります**。商業では商品という単語が用いられますが、製造業では製品という単語を用います。

原価が不利差異の場合、有利差異の場合

　原価差異が発生している場合、売上原価に直課（賦課）されます。

　原価差異が**不利差異なら売上原価に加算**し、**有利差異であれば売上原価から減算**します。売上総利益以降の内容は、商業における損益計算書と異なる点はありません。また、貸借対照表には「材料」「仕掛品」「製品」等の製造業特有のものが記載されるものの、その作成要領には特段特徴がないため、**試験での出題実績はかなり乏しい**のが実情です。

● 製造業における損益計算書 (一部)

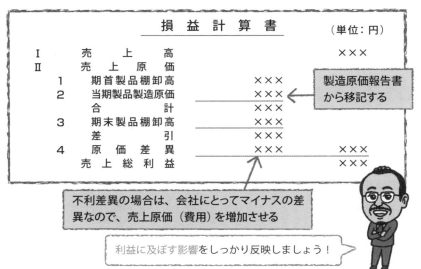

損　益　計　算　書		（単位：円）
Ⅰ　　　売　　上　　高		×××
Ⅱ　　　売　上　原　価		
1　　期首製品棚卸高	×××	
2　　当期製品製造原価	×××	← 製造原価報告書から移記する
合　　　　計	×××	
3　　期末製品棚卸高	×××	
差　　　引	×××	
4　　原　価　差　異	×××	×××
売　上　総　利　益		×××

不利差異の場合は、会社にとってマイナスの差異なので、売上原価（費用）を増加させる

利益に及ぼす影響をしっかり反映しましょう！

◎ 損益計算書の概要

以下の資料に基づき、当期の損益計算書を作成しなさい。

【資料1】売上高及び製品原価

①当期の売上高は¥3,500,000である

②期首製品棚卸高は¥155,000、期末製品棚卸高は¥205,000である。

③製造原価報告書で算定された当期製品製造原価は¥1,950,000である

【資料2】製造間接費の状況

当期の製造間接費予定配賦額は¥720,000、実際発生額は¥725,000である。

解答

損　益　計　算　書		（単位：円）
Ⅰ　　　売　　上　　高		3,500,000
Ⅱ　　　売　上　原　価		
1　　期首製品棚卸高	155,000	
2　　当期製品製造原価	1,950,000	
合　　　　　計	2,105,000	
3　　期末製品棚卸高	205,000	
差　　　　引	1,900,000	
4　　原　価　差　異	5,000	1,905,000
売　上　総　利　益		1,595,000

計算

【資料2】に示された製造間接費に関する資料から、当期に生じた製造間接費配賦差異を計算する。

> 予定配賦額 720,000 円 － 実際発生額 725,000 円 ＝ 不利差異 5,000 円

本問の製造間接費配賦差異は¥5,000の不利差異であるため、売上原価に加算し、利益の計算上、売上高からのマイナス要素として取扱う。

ワンポイント

製造間接費配賦差異の記載

製造間接費配賦差異は、製造原価報告書と損益計算書の双方に記載されます。実際の試験では、この2つの書類を同時に作成する場合も多いので、しっかり対応できるようにしておきましょう。

1　工業簿記と原価計算

2　個別原価計算

3　総合原価計算

4　標準原価計算

5　直接原価計算

6　製造業の財務諸表

富田　茂徳（とみた　しげのり）

民間企業退職後、大手資格予備校を経て、LEC東京リーガルマインドにおいて日商簿記検定1級、2級、3級および税理士会計科目「簿記論」「財務諸表論」「簿財横断」を担当。
講師歴は25年超、高い継続受講率で合格者を多数輩出している。その他、大学での学内講座や市民講座でも多数実績あり。また、講師のかたわら、税理士法人において役員として税理士補助業務および顧客に対する会計コンサル業務にも従事している。

改訂版 ゼロからスタート！

富田茂徳の簿記2級1冊目の教科書

2024年1月19日　初版発行

著者／富田　茂徳

監修／LEC東京リーガルマインド

発行者／山下　直久

発行／株式会社KADOKAWA
〒102-8177　東京都千代田区富士見2-13-3
電話　0570-002-301（ナビダイヤル）

印刷所／株式会社加藤文明社印刷所

製本所／株式会社加藤文明社印刷所

本書の無断複製（コピー、スキャン、デジタル化等）並びに
無断複製物の譲渡及び配信は、著作権法上での例外を除き禁じられています。
また、本書を代行業者などの第三者に依頼して複製する行為は、
たとえ個人や家庭内での利用であっても一切認められておりません。

●お問い合わせ
https://www.kadokawa.co.jp/（「お問い合わせ」へお進みください）
※内容によっては、お答えできない場合があります。
※サポートは日本国内のみとさせていただきます。
※Japanese text only

定価はカバーに表示してあります。

©Shigenori Tomita 2024　Printed in Japan
ISBN 978-4-04-606484-4　C3030